RECHTSGUTACHTEN

zum Process des

GRAFEN H. von ARNIM.

RECHTSGUTACHTEN

ERSTATTET ZUM PROCESS

DES

GRAFEN H. v. ARNIM

VON

Prof. Dr. WAHLBERG,
Prof. Dr. MERKEL, Prof. Dr. v. HOLTZENDORFF
und Adv. ROLIN-JAEQUEMYNS.

HERAUSGEGEBEN

VON

FRANZ v. HOLTZENDORFF.

MÜNCHEN.
DRUCK UND VERLAG VON R. OLDENBOURG.
1875.

VORWORT.

Die Gutachten, welche ich hiermit der Oeffentlichkeit übergebe, sind in der Reihenfolge gedruckt worden, welche der Zeit ihres Eintreffens in München entspricht. Sie sind völlig unabhängig von einander, ohne irgend einen vorangegangenen Meinungsaustausch unter den Verfassern, entstanden.

Graf Arnim, welcher mich im vergangenen Märzmonat zum Zweck einer Unterredung hierselbst aufsuchte, war zu der von mir früher ausgesprochenen Ueberzeugung gelangt, dass eine nochmalige mündliche Vertheidigung von meiner Seite in zweiter Instanz entbehrlich sei. Neben zwei so ausgezeichneten Vertheidigern, als welche die Herren Munckel und Dockhorn sich erwiesen, hatte mein Auftreten in der ersten Instanz ohnehin nur die Bedeutung, die Uebereinstimmung eines Rechtslehrers mit den Ansichten jener beiden Herren festzustellen. Um irrigen Muthmassungen, die an mein Fernbleiben von der zweiten Instanz geknüpft werden konnten, wirksam zu begegnen, schlug ich dagegen dem Grafen Arnim vor, mich zu ermächtigen, die Rechtsansicht einiger ausgezeichneter Juristen einzuholen und meine eigenen Ausführungen gegen das Erkenntniss erster Instanz lediglich im Sinne eines Nachtrages zu meiner Vertheidigungsrede hinzuzufügen. Ein solcher Nachtrag ist dadurch gerechtfertigt, dass in einer von der Anklage völlig abweichenden Weise der Richter erster Instanz einen Thatbestand construirt hatte, welcher in dieser Auffassung gar nicht Gegenstand der juristischen Debatte gewesen war und auf welchen die Vertheidigung deswegen auch nicht vorbereitet sein konnte.

Was das Gutachten des Herrn Rolin-Jaequemyns in Gent anbelangt, so schien es mir höchst wichtig, weil die Anwendbarkeit des französischen Criminalrechts im vorliegenden Rechtsfall von der Staatsanwaltschaft mit so grosser Zuversicht behauptet worden war und Herr Rolin persönlich eine Stellung einnimmt, welche jeden Verdacht politischer oder juristischer Parteilichkeit vollkommen auschliesst.

München, 30. April 1875.

Franz von Holtzendorff.

INHALT.

I.

RECHTSGUTACHTEN

des

Hofrath Prof. Dr. WAHLBERG,

d. Z. Rector der Universität in Wien.

Dem Grafen Harry von Arnim wird zur Last gelegt, diplomatische Schriftstücke, welche sich zur amtlichen Aufbewahrung an einem dazu bestimmten Orte befanden oder welche einem Gesandschafts-Beamten amtlich übergeben worden sind, vorsätzlich bei Seite geschafft und sich dadurch des Vergehens nach §. 133 R.-St.-G.-B. schuldig gemacht zu haben.

Diese Anschuldigung des Grafen Arnim lässt sich meines Erachtens nach Massgabe des Reichsstrafgesetzes nicht zureichend begründen. Die dem Angeklagten zur Last liegende Handlungsweise stellt sich als eine unbefugte Zurückbehaltung in Bezug auf gewisse Correspondenzstücke dar, welche lediglich als ein Disciplinarvergehen beurtheilt werden kann.

BEGRÜNDUNG.

Das Reichsstrafrecht unterscheidet die Beiseiteschaffung einer Urkunde im Gegensatze zur Vernichtung oder Beschädigung in den §§. 133, 348 von der Unterdrückung einer Urkunde im §. 274, Z. 1.

Schon der gemeine Sprachgebrauch unterscheidet: bei Seite schaffen, unterdrücken, bei Seite legen, beseitigen, entfernen, verlegen, entziehen mit oder ohne Heimlichkeit, vorenthalten, verheimlichen, zurückbehalten mit und ohne Ableugnung des Besitzes.

Die Rechtssprache in dem Code pénal 173, in den Strafgesetzbüchern für Braunschweig 132, Oesterreich 201, a. u. a. m. unterscheidet die Handlungsweise des Thäters, welcher: „détruit, supprimé soustrait, ou détourné les actes“ — die Vernichtung oder die Unterdrückung zum Nachtheile eines Andern.

Diese Unterscheidungen des Sprachgeistes bedeuten auch in dem deutschen Strafgesetzbuche individualisirende Bestimmungen des Rechtsgeistes in Strafsachen, zumal es keinem Zweifel unterliegen kann, dass Beiseiteschaffung und Unterdrückung nicht durchwegs identische Begriffe sind und das Reichsstrafrecht diese Ausdrüche mit specifischer Bestimmtheit gebraucht, im §. 169 das Wort Unterdrückung hinsichtlich eines Personenstandes, im §. 274, Z. 1. als jedwede Entziehung eines berechtigten Gebrauches oder einer berechtigten Kenntniss von einer Urkunde. im §. 137, das Wort Beiseiteschaffung als eine bestimmte Entziehung gewisser Sachen.

Der Angeklagte hat nun die in Frage stehenden Gesandschaftspapiere Nr. 1 zwar mit sich genommen und sodann auf Verlangen unweigerlich zurückgegeben, ohne diese im Sinne des Strafgesetzes dolos bei Seite geschafft oder unterdrückt zu haben; ferner die sog. Personal- oder Conflictspapiere Nr. 2 an sich genommen, das nachforschende auswärtige Amt über den Besitz derselben nicht in Unkenntniss gelassen und denselben nicht abgeleugnet, vielmehr geständlich in eigener Verwahrung zurückbehalten, endlich die verlegten vermissten Papiere Nr. 3 soweit diese aufgefunden wurden, herausgegeben.

Abgesehen von dem anderweitig klar gestellten Umstande, dass die geheimen diplomatischen Correspondenzstücke den rechtlichen Voraussetzungen einer Urkunde im Sinne des §. 133 nicht entsprechen und von dem Mangel an einer klar erkennbaren Verbindlichkeit der preussischen Registraturordnung für den deutschen Botschafter, wird zugegeben werden müssen, dass die eigenartige mit einer discretionären

Macht bekleidete Stellung eines Botschafters und die gebotenen ausserordentlichen Rücksichten in Bezug auf die Wahrung des diplomatischen Geheimnisses im Unterschiede von den allgemeinen Grundsätzen über das Amtsgeheimniss der Beamten überhaupt, eine individualisirende Beurtheilung der dem Angeklagten zur Last gelegten Handlungsweise unabweisbar vorzeichnen. Von diesem im vorliegenden Falle gebotenen Gesichtspunkte aus, fragt es sich hier nicht blos, wie die Sache sich objectiv verhalte, sondern auch, wie dieser in exceptionellen persönlichen Beziehungen zum Hofe und zu dem Reichskanzler in einer überaus heiklen und wichtigen Mission stehende Angeklagte dieselbe angesehen habe und durch seine eigenthümliche Stellung wie durch die besonderen Umstände des Falles anzusehen veranlasst war.

Unbestritten ist ferner der Grundsatz, dass die ihrer äussern Erscheinung nach strafgesetzwidrige Handlung nicht als Vergehen nach §. 133 zugerechnet werden könne, wenn der Thäter zur Zeit der Begehung durch einen Irrthum dazu bestimmt worden ist, der ihn in der Handlung ein Vergehen vor dem Strafgesetze nicht erkennen liess.

Der Angeklagte könnte hiernach nur dann nach §. 133 R.-St.-G. für schuldig erklärt werden, wenn er die fraglichen Papiere, vorausgesetzt, dass diese Urkunden im Sinne des Strafgesetzes bedeuten, wofern sie sich zur amtlichen Aufbewahrung an einem dazu bestimmten Orte befunden haben, oder einem Beamten amtlich übergeben worden sind, vorsätzlich bei Seite geschafft hätte.

Diese wesentlichen Thatbestandsmomente treffen im vorliegenden Falle nicht zusammen.

Der §. 133 setzt voraus die dolose Beiseiteschaffung einer amtlichen Urkunde oder eines sonstigen Gegenstandes, welcher sich zur amtlichen Aufbewahrung an einem dazu bestimmten Orte befindet, im Unterschiede von anderen oder denselben Urkunden, nach den §§. 274, 348, insofern sie sich an einem anderen Orte befinden. Die bestimmte örtliche Zugehörigkeit der fraglichen Urkunden ist ein Thatbestandsmoment nach §. 133, jedoch ist nicht von dem amtlichen Aufbewahrungsorte, sondern von einem zur amtlichen Aufbewahrung bestimmten Orte die Rede.

Wer wird nun ernstlich bestreiten wollen, dass sowol der Reichskanzler als auch der Botschafter in besonderen Fällen berechtigt wäre, zu verfügen, dass gewisse geheime Correspondenzen nicht in üblicher Weise registrirt, vielmehr abgesondert verwahrt werden, nicht im Archivschranke, vielmehr anderswo in der Wohnung eines Dritten u. s. w.? Ebenso wenig kann in Abrede gestellt werden, dass es Correspondenzen geben könne, welche selbst vor dem Personale der Botschaftskanzlei geheim gehalten werden dürfen, z. B. wenn es sich um rein persönliche Bemerkungen handelt, oder der Landesfürst persönlich engagirt erscheint, oder die äusserste Geheimhaltung, ja unter Umständen die Verbergung oder Beiseiteschaffung ad hoc angemessen ist.

Wenn nach Umständen Etwas besonders verwahrt werden soll, so ist es nicht zur gewöhnlichen amtlichen Verwahrung anvertraut, und ist letzteres der Fall, so kann das fragliche Schriftstück, das sich an dem zur amtlichen Aufbewahrung gewöhnlich bestimmten Ort nicht befunden hat, auch nicht aus diesem bei Seite geschafft werden. Allerdings kann das Schriftstück auch aus einem ungewöhnlichen Aufbewahrungsorte so gut bei Seite geschafft, wie an dem gewöhnlichen Aufbewahrungsorte versteckt werden. War die Wohnung, der Privatschrank, der Handkoffer des Gesandten, der von ihm ausnamsweise für angezeigt erachtete besondere Aufbewahrungsort, so ist wohl möglicherweise in dieser Art der Verwahrung eine fahrlässige oder unbefugte Ansichnahme oder Zurückbehaltung, keineswegs aber eine vorsätzliche Beiseiteschaffung oder dolose Entziehung mit der Absicht der Verheimlichung und rechtswidrigen Zueignung, ohne Weiteres begründet.

Würde der §. 133 das Erforderniss einer blos unbefugten Beiseiteschaffung, etwa wie der neueste österr. St.-G.-Entw. aufstellen, dann allein könnte in Bezug auf gewisse Gesandtschaftspapiere eine nach dieser Gesetzesstelle strafbare Beiseiteschaffung angenommen werden: das R.-St.-G.-B. fordert jedoch zum Thatbestande aus guten Gründen eine vorsätzliche, bewusst rechtswidrige Beiseiteschaffung und schliesst von diesem sowol die blos fahrlässige oder nur unbefugte Beiseiteschaffung aus, selbst dann, wenn der Angeklagte die ihrer äusseren Erscheinung nach strafbare Beiseiteschaffung bei Anwendung der gehörigen Sorgfalt und Umsicht hätte vermeiden können. Da auf das Vergehen nach §. 133 der Begriff der Culpa sowenig anwendbar ist, wie der einer blos unbefugten Wegnahme oder Zurückbehaltung, so kommt hierbei Alles auf die Erforschung der Willensrichtung des Angeklagten an, insoweit diese in seiner Handlungsweise in strafgesetzwidriger Form an den Tag gelegt ist. Nun ist meines Erachtens das gesetzliche Erforderniss des Dolus im vorliegenden Falle nicht bewiesen.

Die im §. 133 bezeichnete Handlung muss in der Absicht begangen werden, dem Berechtigten die Möglichkeit einer ordnungsmässigen Benützung oder sonstigen Verfügung hinsichtlich der amtlich übergebenen Akten oder Urkunden, zu entziehen.

Wollte der Angeklagte die betreffenden Papiere durch Ansichnahme derselben nur seinem Interesse dienstbar und der Staatsregierung unerreichbar machen? Leugnete er deren Besitz ab? Versteckte er die Papiere, über deren Vorhandensein und Innehabung kein Geheimniss gebreitet wurde? In Bezug auf die Correspondenz, die der Angeklagte als Inhaber, wenn dann auch irrigerweise für sein Eigenthum ansah, kann von einer Absicht der rechtswidrigen Beiseiteschaffung oder Zueignung nicht die Rede sein. Die Ansichnahme der Papiere kann bona fide erfolgt sein, und die Unwahrscheinlichkeit derselben ist nicht erwiesen; unter dieser Voraussetzung kann auch die Unterlassung einer amtlichen Verwahrung derselben nicht, ohne Weiteres als dolos beurtheilt werden. In keinem Falle geht es an, hier von einem ordnungswidrigen Gebrauche auf eine dolose Beiseiteschaffung zu schliessen. Ein solcher Vorgang würde auf eine verwerfliche praesumtio doli hinauslaufen. Auch ist nicht zu übersehen, dass in den Verhandlungen keineswegs unzweifelhaft ein Nachweis darüber geliefert wurde, ob und wie lange sich der Angeklagte die Hinterlegung der betreffenden Papiere offen halten konnte, abgesehen von jenen Papieren, hinsichtlich welcher die glaubhaft irrige Meinung, dass diese seine Privatakten seien, den Thatbestand nach §. 133 ausschliesst. Selbst wenn eine Ableugnung des Besitzes der fraglichen Papiere oder eine unbefugte Ansichnahme vorläge, könnte diese Handlung nicht den Thatbestand des im §. 133 bestimmten Vergehens begründen, denn die vorsätzliche Beiseiteschaffung muss die Wirkung bezwecken, dass die betreffenden Akten dadurch für den Berechtigten unerreichbar oder unzugänglich werden; im vorliegenden Falle ist eben nicht erwiesen, dass die Absicht des Angeklagten hierauf gerichtet gewesen sei. Wahrlich ist es kein logisches Meisterstück, die vorhergegangene Absicht der Beiseiteschaffung durch die nachfolgende Weigerung der Zurückstellung begründen zu wollen; mehr als ein Indicium kann diese nicht herstellen, in keinem Falle ein Thatbestandsmoment nach §. 133.

In der ganzen Handlungsweise des Angeklagten welche vom Standpunkte des Disciplinarrechts incorrect und fahrlässig genannt werden kann, lässt sich kein zureichender Grund für die Annahme einer bewussten Rechtswidrigkeit des Zueignungsaktes, oder für eine auf Vereitlung der amtlichen Wiedererlangung der privatim verwahrten Papiere berechnete Machination feststellen.

Die Hintergedanken, mit welchen der Angeklagte etwa von seinem vermeintlichen Rechte Gebrauch machte, machen diesen Gebrauch, so ordnungswidrig dieser auch erscheint, noch zu keiner vorsätzlichen Beiseiteschaffung. Es kann eben eine rechtswidrige Beiseiteschaffung vorliegen, ohne beabsichtigt gewesen zu sein. Was die vermissten Papiere, die zum Theil später vorgelegt wurden, betrifft, so kann von diesen mit Rücksicht auf die erweislich unterlaufene Unordnung in der Aufbewahrung und Einpackung der Papiere nicht behauptet werden, dass die noch nicht aufgefundenen sich im Gewahrsam des Angeklagten befinden.

Die Beiseiteschaffung der Papiere, welche von dem Bewusstsein der Widerrechtlichkeit der Aufhebung der amtlichen Aufbewahrung nicht begleitet gewesen ist, könnte selbst durch einen nachträglich hinzugekommenen Dolus nicht zu einer „vorsätzlichen Beiseiteschaffung" qualificirt werden. Auf das Vergehen nach §. 133 ist der Begriff des dolus subsequens nicht anwendbar.

Der Angeklagte legte die betreffenden Papiere bei Seite ohne dolus. Als er diese zurückstellen liess, fehlte der dolus; angenommen er habe die Absicht gehabt, die ohne dolus an sich genommenen Papiere unbefugt zu seiner Rechtfertigung oder zu welchem Endzwecke immer, einige Zeit zu behalten, — so wird man nicht ernstlich bezweifeln, dass in dieser unbefugten Unterlassung der rechtzeitigen Zurückstellung ein vorsätzliches Behalten jedoch „ohne dolose Beiseiteschaffung“ vorläge. Wer bona fide Papiere an sich nimmt, schafft dieselben nicht bei Seite, verwahrt nur was er für sein hält. Wer sich irrigerweise für berechtigt hält, gewisse geheime Correspondenzen an sich zu nehmen, der kann wohl Unbedachtsamkeit, Mangel an Einsicht der juristischen Bedeutung eines solchen Verhaltens, selbst Leichtfertigkeit zur Last gelegt werden: aber von einer absichtlichen widerrechtlichen Verfügung über die betreffenden Correspondenzen, von einer dolosen Anmassung des Eigenthumsrechts über dieselben, von einer vorsätzlichen Verheimlichung, Beseitigung oder Unterdrückung kann, — ohne praesumtio doli, kaum die Rede sein.

Hiernach fehlt der erforderliche Beweis der vorsätzlichen Beiseiteschaffung im Sinne des §. 133 und eine Verurtheilung des Grafen v. Arnim nach Massgabe dieses Paragraphen des R.-St.-G.-B. ist meines Erachtens juristisch unhaltbar.

Immer wird die Strafrechtspflege an der Forderung der Gerechtigkeit festhalten müssen, dass das Gericht den Angeklagten freisprechen müsse, wenn nicht genügend starke und überzeugende Beweisgründe für die Annahme der Schuld desselben vorliegen.

II.

RECHTSGUTACHTEN

des

Professor Dr. A. MERKEL

in Strassburg.

Verehrter Herr College!

Sie wünschen von mir eine Meinungsäusserung über die Anwendbarkeit der §§. 348, al. 2, 350, 133 unseres Strafgesetzbuchs in der Anklagesache wider den Grafen Harry von Arnim, unter Zugrundelegung des Urtheils der ersten Instanz. Ich gebe sie im Folgenden, indem ich den §. 348 al. 2, welcher im Sinne der Anklage hier die meiste Bedeutung in Anspruch nimmt, zum Ausgang nehme.

I. §. 348 al. 2.

Das Gericht erster Instanz erachtet diesen Paragraphen für unanwendbar, weil den angeblich bei Seite geschafften Schriftstücken die in jenem vorausgesetzte Urkundenqualität fehle. Unter „Urkunden" begreife §. 348 al. 2 nichts Anderes als §. 267 und sei überhaupt bei dem Thatbestande der Beseitigung von Documenten nichts Andres verstanden als bei dem Thatbestande der Fälschung von solchen. Es verstehe das Gesetz nämlich hier wie dort unter Urkunden: „leblose Gegenstände, welche zum Beweise von Thatsachen oder Rechten bestimmt sind." Eine solche Bestimmung aber habe die innere Correspondenz zwischen dem Reichskanzler und den auswärtigen Missionen, welche den Gegenstand des behaupteten Delicts bilden, nicht. Dagegen ist die Anklage, wie es scheint, in allen hervorgehobenen Beziehungen von einer gegentheiligen Ansicht ausgegangen.

Irgend ein Umstand nun, welcher zu der Annahme nöthigte oder dieselbe gestattete, dass mit dem Worte „Urkunde" in den Bestimmungen über Urkundenfälschung (§. 267 ff.) ein andrer Begriff verbunden sei, als in den Bestimmungen über Unterdrückung (§. 274) oder Beiseiteschaffung (§. 348) von Urkunden, existirt nicht. Auch ist ein solcher Umstand von Niemanden bezeichnet worden. Für die gegentheilige Ansicht ist entscheidend der nahe Zusammenhang, in welchen das Strafgesetzbuch diese beiden Verbrechensformen zu einander gebracht hat. In dem zunächst hier in Betracht kommenden §. 348 finden sich dieselben unmittelbar zusammengefasst und mit der nämlichen Strafdrohung verbunden. Aehnliches gilt von den §§. 349, 351, 355. In §. 274 reiht sich eine Vorschrift über die Unterdrückung von Urkunden, Vorschriften über die Fälschung von solchen unter dem nämlichen Titel an. In dem 2. Absatz dieses Paragraphen werden Fälschung und Unterdrückung in Bezug auf Grenzzeichen (einen den Urkunden nächstverwandten Gegenstand) in demselben Thatbestande zusammengefasst etc. Ganz ebenso unhaltbar würde die Ansicht sein, dass im 28. Abschnitte ein andrer Urkundenbegriff vorausgesetzt werde, wie in dem 23. Abschnitte. Jener behandelt in Betreff der Urkunden die nämlichen Delictsformen wie dieser, indem dabei nur die Voraussetzung aufgestellt wird, dass die Begehung der That zugleich die Verletzung einer Amtspflicht begründe. Es gilt hier hinsichtlich der Fälschung und Unterdrückung von Urkunden nichts Andres wie hinsichtlich der Körperverletzung, Unterschlagung, widerrechtlichen Nöthigung etc. Die Annahme, dass das Object dieser Delicte dem 28. Abschnitte gegenüber anders zu bestimmen sei, als in Bezug auf den 23., 17., 18., 19. Abschnitt, obgleich dasselbe hier und dort mit den nämlichen Worten bezeichnet wird, wäre in keinem Sinne zu verantworten.

Die Anklage hat sich zu Gunsten der Ansicht, dass in §. 348 al. 2 ein weiterer Urkundenbegriff vorausgesetzt werde als in §. 267 f., ein weiterer Begriff insbesondere als er in meinen Ausführungen zu den letzteren §§. (im Handbuche III S. 788 ff.) sich aufgestellt findet, auf die offiziellen Motive, sowie auf die Bemerkungen des Staatsanwaltes Meves zu §. 348 al. 2 berufen. Allein dieser Berufung dürfte ein Missverständniss zu Grund liegen. Die Motive enthalten an der fraglichen Stelle nur die Bemerkung, dass §. 348 al. 2 sich auf Urkunden überhaupt, nicht blos auf Urkunden einer bestimmten Art beziehe. Sie berühren also nur die Frage, in welchem Umfange Urkunden einen Gegenstand dieser besonderen Bestimmung bilden. Diese Frage und die speciellere, ob §. 348 die Urkunden in gleichem Umfange berücksichtige wie §. 267, wird in der Folge ihre Erledigung finden. Hier interessirt es zunächst, zu constatiren, dass die andere Frage, was unter Urkunden überhaupt im Sinne des Strafgesetzbuches oder was darunter im Sinne des 29. Abschnitts zu verstehen sei, in den Motiven nicht erörtert, sowie dass eine verschiedene Bedeutung des Wortes „Urkunde“ an verschiedenen Stellen des Gesetzes von ihnen nicht behauptet wird. Das Gleiche gilt von Meves. Die hauptsächlichste Differenz zwischen ihm und mir besteht darin, dass ich den allgemeinen einheitlichen Begriff der Urkunden zu bestimmen versucht habe, während dies von ihm nicht geschehen ist. Die Anklage war demnach im Irrthum, wenn sie meine Ausführungen über diesen Begriff unter Berufung auf Meves und die Motive und beziehungsweise aus dem Grunde unberücksichtigt lassen zu können glaubte, weil dieselben sich auf den Urkundenbegriff des 23. Abschnitts oder des §. 267 f. bezögen und nicht auf §. 348. Es ist dies ganz so, als wenn sie bei §. 350 die allgemeine Entwicklung des Unterschlagungsbegriffs aus dem Grunde ignoriren wollte, weil dieselbe zu § 246 gegeben ist und beziehungsweise, weil dieser §. Unterschlagungen in einem andren Umfange zum Gegenstande hat als der für sie massgebende §. 350.

Sonach ist das richterliche Erkenntniss zunächst mit der Annahme im Rechte, dass der Urkundenbegriff in §. 348 f. kein andrer sei als in §. 267 u. f.

Eine andere Frage ist, ob dieser Begriff selbst in dem Erkenntniss richtig bestimmt worden sei. Sie haben in Ihrer Vertheidigungsrede die hier bestehenden Schwierigkeiten wahrheitsgemäss hervorgehoben, Schwierigkeiten, deren Vorhandensein in den offiziellen Motiven in Abrede gestellt, zugleich aber unwillkürlich und in auffallender Weise bestätigt wird. Leider haben die Redaktoren der schlagenden Paragraphen sich hierüber keine deutliche Rechenschaft gegeben und durch ihr wenig korrektes Verfahren die Aussicht, dass der von ihnen irrthümlich als „festgestellt“ angenommene Begriff im Wege der Interpretation jemals dahin gelangen werde, ein für die Rechtsprechung „festgestellter“ zu sein, aufs Aeusserste beschränkt. Immerhin aber dürfte es gelingen, für die von mir gegebene und von der Vertheidigung angerufene Begriffsbestimmung unwiderlegbare Argumente beizubringen.

Sehen wir zunächst von dem Strafgesetzbuch ab, um den allgemeinsten Begriff, welcher ausserhalb des Rechtsgebietes sich mit dem Worte „Urkunde“ verbindet, festzustellen.

„Beurkunden“ heisst: in Bezug auf bestimmte Thatsachen ein Zeugniss herstellen.

„Urkunde“ ist ein körperlicher, lebloser Gegenstand, welcher die Eigenschaft eines Zeugnisses für bestimmte Thatsachen hat.

Derselbe hat diese Eigenschaft, wenn er:

1. durch seine Form oder seine Existenz auf bestimmte Thatsachen schliessen lässt
2. und zugleich die Bestimmung hat, auf diese Thatsachen hinzuweisen.

Das letztere Merkmal ist durchaus wesentlich, obgleich es von Mehreren, welche die Frage nicht ernstlich untersucht haben, übersehen wird. Wie wir irgend einen Gegenstand nicht als ein Zeugniss bezeichnen können, wenn ihm nicht von irgend einem Willen die Bestimmung gegeben worden ist, als Beweismittel zu dienen, so hat es keinen Sinn, von Urkunden mit Bezug auf Gegenstände zu reden, welche faktisch für die Existenz beliebiger Thatsachen beweisend sind, ohne jedoch zu solchem Beweise bestimmt zu sein. Denn diese faktische Beweiserheblichkeit besitzt jeder Gegenstand. Jedes Ding gibt den Beweis für seine Entstehungsgründe und — Bedingungen an die Hand, lässt auf Thatsachen, und zwar in weiter Ausdehnung schliessen. Wollten wir daher von dem zweiten der oben aufgestellten Merkmale abstrahiren, so würde der Begriff der Urkunde mit dem Begriff des Dings, beziehungsweisse, mit dem des körperlichen, leblosen Gegenstandes, zusammenfallen. Allerdings kann eine jede Sache die Bedeutung einer Urkunde in dem angegebenen Sinne erlangen, da eine jede die Bestimmung erhalten kann, als Beweismittel oder Zeugniss in Bezug auf das Vorhandensein ihrer Existenzbedingungen zu dienen. In dieser Weise haben die Naturforscher zahllose Objekte zu Urkunden erhoben. Ebenso auf andrem Gebiete die Historiker. So ist das alte Testament als älteste „Urkunde" des Menschengeschlechts bezeichnet worden mit Rücksicht auf die Bestimmung, welche die Forschung ihm gegeben hat, ein Zeugniss abzugeben für uralte Zustände des Menschengeschlechts. Der aufgestellte Begriff umfasst sonach ein unermessliches Gebiet, von welchem keine Sache schlechthin ausgeschlossen ist, es sei denn das lebende Thier, ein Gebiet, dessen jeweilige Grenzen zugleich von Niemanden bestimmt werden können.

Ob dieser allgemeinste Urkundenbegriff identisch sei mit dem technischen, welcher innerhalb unseres Strafrechts einen Gegenstand besonderer Schutzbestimmungen bezeichnet? Ich bestreite dies und glaube den Gegenbeweis führen zu können. Es besteht hier aber eine Verschiedenheit zweifellos nur in dem Sinne, dass dieser technische Begriff mit den bereits besprochenen Merkmalen andere verbindet, und sich also zu jenem allgemeineren Begriffe wie die Species zum Genus verhält. Daher dort, wo jene allgemeinen Merkmale nicht vorliegen, kein Anlass gegeben ist nach den speciellen Merkmalen der Urkunden im Sinne des Rechtslebens zu fragen.

Das vorliegende Erkenntniss nun identificirt den entwickelten allgemeinsten Urkundenbegriff mit dem technisch-juristischen (indem es Gegenstände, welche zum Beweise von Thatsachen bestimmt sind, allgemein hierherzieht), kömmt aber gleichwohl zu einem für den Angeklagten günstigen Resultate. Es findet dass die Correspondenz zwischen dem Reichskanzler und der Botschaft nicht die Bestimmung gehabt habe, zum Beweise von Thatsachen zu dienen, dass es also an dem zweiten der oben bestimmten allgemeinsten Merkmale des Urkundenbegriffs fehle. Dieser Ansicht lassen sich indessen Bedenken entgegensetzen. Zwar kann es nicht in Betracht kommen, dass jene Schriften nachträglich in mannigfachem Sinne die hier in Frage stehende Urkundenqualität angenommen haben, indem ihnen die Bestimmung gegeben worden ist, als Beweismittel in dem schwebenden Processe zu dienen, vor Europa Zeugniss zu geben für die Politik des deutschen Reichs etc. Aber es lässt sich behaupten, dass die Erlasse von Anfang bestimmt gewesen seien, die Intentionen des Reichskanzlers in Bezug auf die von der Botschaft zu beobachtende Haltung zu beurkunden, die Berichte dagegen, auf die Anschauungen des Gesandten schliessen zu lassen. In diesem Sinne hat jede Schrift die Bestimmung, Gedanken des Schreibenden zu beurkunden. Auch das Schreibheft des Schulknaben ist in diesem Sinne (in Bezug auf die Vorstellungen, Kenntnisse etc. des Knaben) eine Urkunde. Nicht minder ein beliebiges Kleidungsstück, welches u. A. die Bestimmung hat, das Geschick des Schneiders von dem es herrührt, zu beurkunden. In diesem Sinne würden alle Fabrikerzeugnisse, insofern sie die Leistungsfähigkeit und Verdienste einer betreffenden Fabrik dem kauflustigen Publikum gegenüber zu bezeugen bestimmt sind, als Urkunden zu betrachten sein. Jede Probe, welche ein Kaufmann versendet, ist Urkunde in diesem Sinne. Alle die Millionen von Gegenständen, welche jüngst auf der Weltausstellung Zeugniss geben sollten für die Verdienste ihrer Urheber, fallen unter den aufgestellten Begriff. Die Objekte der Natur- und Geschichtswissenschaft sind bereits hervorgehoben worden. Der in Ihrer Vertheidigungsrede erwähnte Knochen eines Sauriers ist unzweifelhaft eine Urkunde im Sinne der im richterlichen Erkenntniss gegebenen Definition.

Aber es ist vollkommen gewiss, dass der aufgestellte Begriff nicht zusammenfällt mit demjenigen, welchen das Strafgesetzbuch mit dem Worte „Urkunde" verbindet. Ein Blick auf Inhalt und Bedeutung der einschlagenden Bestimmungen muss davon überzeugen, dass sie sich nicht auf Gegenstände beziehen, welche, unter diesem oder jenem Gesichtspunkte betrachtet, mit Rücksicht auf die ihnen von irgend einer Seite in einer gewissen Beziehung gegebene Bestimmung als Urkunden bezeichnet werden können, sondern lediglich auf Gegenstände, welchen diese Eigenschaft in einem charakteristischen Sinne und für den Standpunkt einer juristischen Betrachtung wesentlich und allgemein zukömmt. Ich mache im Einzelnen hiefür geltend:

1. den wörtlichen Inhalt der §§., in welchen von Urkunden gehandelt wird. Den letzteren finden sich mehrfach Gegenstände zur Seite gestellt, auf welche jener allgemeinere Begriff ohne weiteres als anwendbar erscheint, deren selbständige Aufführung daher keinen Sinn hätte, wenn das Gesetz mit dem Worte „Urkunde" diesen weiteren Begriff verbände. Dies ist der Fall in den §§. 92, 1 („Festungspläne oder solche Urkunden, Actenstücke oder Nachrichten"), 133 („eine Urkunde, ein Register, Acten oder" . .), 271 (in öffentlichen Urkunden, Büchern oder Registern"), 274 („einen Grenzstein oder ein anderes zur Bezeichnung einer Grenze oder eines Wasserstandes bestimmtes Merkmal"), 348 („falsch beurkundet oder in öffentliche Register oder Bücher falsch einträgt"). Die betreffenden Bestimmungen ergeben zugleich, was sich auch im richterlichen Erkenntniss betont findet, dass beliebige Schriftstücke nicht dadurch allein, dass sie einen amtlichen Charakter haben, zu Urkunden im Sinne des Gesetzes werden. — Es finden sich ferner besondere Bestimmungen über Gegenstände, welche zu den Urkunden in jenem

weiteren Sinne gehören, vom Gesetze aber gleichwohl nicht zu den Urkunden gerechnet werden. Hierher gehört §. 287 (Fälschung gewisser Waarenzeichen), 354 (Unterdrückung von Briefen), 345 (Unterdrückung und Fälschung von Depeschen). Auf blosse redaktionelle Nachlässigkeiten liesse sich dies Alles offenbar nicht zurückführen. Dagegen ist letzteres allerdings der Fall bezüglich derjenigen Bestimmungen, welchen ein weiterer Urkundenbegriff zu Grunde zu liegen scheint. Hierher gehört §. 299, insofern darin von verschlossenen Briefen oder „andern“ verschlossenen Urkunden gehandelt wird. Dass wir es hier nur mit einer inkorrekten Ausdrucksweise zu thun haben, das lassen u. A. die Motive zu diesem Paragraphen erkennen, indem sie einfach von Briefen „oder“ Urkunden reden. Ebenso ist es bedeutungslos, wenn §. 92, 2 von „Urkunden oder Beweismitteln“ handelt. Dass Urkunden im Sinne des Gesetzes Beweismittel seien, das gibt u. A. der Satz selbst, in welchem diese Worte stehen, an die Hand. — Hierherzuziehen ist ferner die Eintheilung der Urkunden in öffentliche und Privaturkunden, indem dieselbe, richtig verstanden (siehe unten), nur zu dem engeren Begriffe passt, der hier als der gesetzliche erwiesen werden soll. 2. Der aufgestellte weitere Begriff ist juristisch unbrauchbar. Der ihm entsprechenden Urkundenqualität fehlt im Allgemeinen die objektive Erkennbarkeit. Ob z. B. irgend einer Sache diese Qualität durch die geschichtliche oder naturwissenschaftliche Forschung verliehen worden ist, das zeigt der Gegenstand selbst uns im Allgemeinen nicht an. Diese Qualität kann ferner für einen Gegenstand heute bestehen und morgen nicht bestehen, oder heute unter diesem, morgen unter jenem Gesichtspunkte bestehen, ohne dass ein solcher Wechsel an ihm selbst hervortreten würde. Zugleich verleiht ihm diese Qualität an sich kein irgend wie bestimmbares juristisches Interesse. 3. Die Merkmale jenes weiteren Begriffs sind strafrechtlich indifferent. Die allgemeinen Bestimmungen zum Schutze des öffentlichen und privaten Eigenthums bedürfen mit Rücksicht auf diese Merkmale keiner Ergänzung. So genügt es, wenn auf die böswillige Vernichtung von Waaren die Bestimmungen über Sachbeschädigung zur Anwendung gebracht werden. Es ist kein Bedürfniss dafür vorhanden, dass die That noch unter dem Gesichtspunkte einer Unterdrückung von Urkunden (Beurkundung der Verdienste des Urhebers und des Verkäufers der Waare) zur Bestrafung gezogen werden könne. Ebenso ist die Fälschung von Waaren zur Genüge berücksichtigt in den Bestimmungen über Betrug und beziehungsweise gemeingefährliche Waarenfälschung. Es wäre unnütz und verkehrt, daneben den Gesichtspunkt einer Urkundenfälschung zur Geltung bringen zu wollen. Allerdings finden sich in der älteren Gesetzgebung und Doktrin im Kapitel von den Fälschungen Begriffsbestimmungen, welche auf eine gegentheilige Ansicht hinzuweisen scheinen. Man erkannte den Sachen in ihrer Eigenschaft als „objektive Erkenntnissgründe", also gleichsam als Urkunden in dem hier fraglichen weiteren Sinne, einen besonderen strafgesetzlichen Schutz zu. Hierher ist z. B. die Bestimmung des würtembergischen Strafgesetzbuches über die Verfertigung unächter und die Verfälschung ächter Sachen zu ziehen. Es wird von ihm indessen nur Strafe gedroht für den Fall, dass die Fälschung gegen fremde Rechte gerichtet ist. Auch so aber entsprach die Bestimmung keinem strafrechtlichen Bedürfnisse, daher man in der Folge sie und ihres Gleichen aus den Strafgesetzen ausschied. Hervorzuheben ist, dass man das Wort „Urkunde" in diesem Zusammenhange niemals verwendet hat. 4. Der dogmatische, sowie der historische Zusammenhang der in Betracht kommenden Gesetzesbestimmungen stellt es ausser Zweifel, dass als Gegenstand derselben nicht Urkunden in jenem vagen und weitgreifenden Sinne zu verstehen seien. Nach diesem Zusammenhange stellen sich die Vorschriften über Unterdrückung von Urkunden als eine Ergänzung zu den Vorschriften über Fälschung von solchen dar. Die Urkundenfälschungen aber wollen mit den übrigen Fälschungsverbrechen verglichen sein. Alle diese erscheinen in ihrer dermaligen dogmatischen Gestaltung als selbständig gewordene Sprossen eines im Wesentlichen einheitlichen historischen Gebildes. Ihre gemeinsamen charakteristischen Merkmale sind von mir im Handbuch (III. S. 785) und im Rechtslexion (2. Auflage I. S. 367) bestimmt worden. Demnach ist ihnen gemeinsam die Verletzung des Kredits (der Beweiskraft) gewisser Beglaubigungsformen (Urkunde, Eid, gerichtliches Zeugniss, Form des Geldes, Grenzzeichen, gewisse Waarenzeichen, Maass und Gewicht, öffentliche Zeugnisse, Post- und Stempelmarken etc.) für rechtlich relevante Thatsachen. Diese Charakteristik findet ihre Begründung in der Dogmengeschichte, in der neueren Entwicklung der Theorie der Fälschungsverbrechen und in der Behandlung, welche die dazu gehörigen Delicte in der geltenden Gesetzgebung des In- und Auslandes finden. Vergleiche hierüber meine Lehre vom strafbaren Betruge Seite 15 ff., 40 ff. Vergleiche auch Gessler im Gerichtssaale 1862 Seite 133 ff., 146 ff.

Mit dieser allgemeinen Charakterisirung des Gegenstandes der Fälschungsverbrechen sind wir zugleich der Frage näher getreten, wie denn der gesuchte technische Begriff der Urkunden sich bestimme und welche Merkmale zu den früher bereits bestimmten hinzutreten müssen, damit derselbe als erfüllt erscheine. Jene früher besprochenen Gegenstände (Gegenstände, welche die Bestimmung haben, zum Beweise von Thatsachen zu dienen), sind Urkunden im Sinne des Strafgesetzbuches nur dann, wenn sie 1. auf rechtlich erhebliche Thatsachen Bezug haben und 2. zu den im Rechtsleben recipirten Beglaubigungsmittteln für solche Thatsachen gehören.

Zu diesem Resultate hat im Bisherigen ein mehr negatives Beweisverfahren: die Abweisung derjenigen Begriffe, welche dem soeben bestimmten von Anderen entgegengesetzt worden sind, geführt. Im Folgenden soll in der Kürze eine positive Begründung versucht werden.

Ad 1. Die besonderen Bestimmungen über die Fälschung und die Unterdrückung von Urkunden finden ihre Begründung, worauf bereits hingewiesen wurde, nicht in dem Sachwerth der Urkunden, sondern lediglich in der Bedeutung, welche denselben als anerkannten Beglaubigungsmitteln im rechtlichen Verkehre zukömmt. Diese Eigenschaft aber haben betreffende Gegenstände nur insofern als sie auf rechtlich erhebliche Thatsachen Bezug haben. Nur insofern weisen sie ferner auf ein rechtliches Interesse hin, welches besondere Schutzbestimmungen rechtfertigt. Diesen Zusammenhang bestätigt denn auch der spezielle Inhalt der §§. 267 ff. und 348. In jenen finden sich neben der Urkunde andere Beglaubigungsmittel verschiedener Art berücksichtigt, bei welchen sämmtlich die Beziehung auf rechtlich erhebliche Thatsachen auf der Hand liegt. So bei den Grenzzeichen, welche in §. 274 den Urkunden zur Seite gestellt sind, bei den Marken und Stempeln von welchen §. 275 und 276 handeln, bei den Zeugnissen, auf welche die §§. 277 ff. Bezug haben. Hinsichtlich der Urkunden selbst ist die Vergleichung der verschiedenen sie zum Gegenstande nehmenden Bestimmungen instruktiv. §. 269 handelt von der Ausfüllung eines Blanketts mit „urkundlichem Inhalte.“ Dass darunter nur ein rechtlich erheblicher Inhalt zu verstehen sei, wird nicht gesagt, aber als selbstverständlich vorausgesetzt. Den Beweis hiefür gibt die ausdrückliche Gleichsetzung des Falls mit den Fällen des §. 267. Unter dem Gesichtspunkte der intellektuellen Fälschung kömmt nur die Beglaubigung rechtlich erheblicher Thatsachen in Betracht (§. 171, 348) . . . Nach §. 267 wird der Urkundenbegriff unsres Gesetzes erschöpft durch die Eintheilung der Urkunden in öffentliche und private. Der Unterschied zwischen ihnen betrifft die Art, wie ihre Beweiskraft sich begründet, sowie die Tragweite der letzteren. Im einen Fall begründet sich dieselbe in dem Acte einer mit öffentlichem Glauben versehenen Person, im anderen in dem rechtlich relevanten Willensacte einer Privatperson. Von einem solchen Acte ist aber nur in Bezug auf rechtlich erhebliche Verhältnisse zu reden. Die ganze Alternative (öffentliche oder Privaturkunden) hat daher nur einen Sinn innerhalb der Peripherie des hier vertretenen engeren Urkundenbegriffs.

Das System der auf Urkunden bezüglichen Bestimmungen ist im Wesentlichen aus dem preussischen Strafgesetzbuch übernommen worden. Im letzteren war dasselbe auf einen im §. 247 definirten Urkundenbegriff gegründet. Dieser Begriff enthält das hier in Frage stehende Merkmal. Nun ist nicht ersichtlich, dass die Redaktoren des deutschen Strafgesetzbuches jene Definition als eine in diesem Hauptpunkte irrige betrachtet hätten. Wäre dies der Fall, so hätten sie eine Definition des Begriffs nicht als eine „feststehende“ weglassen können, hätten sich vielmehr veranlasst sehen müssen, ihrer abweichenden Anschauung einen unzweideutigen Ausdruck zu geben. Hinsichtlich des verhältnissmässig untergeordneten

Punktes, ob unter Urkunden nur Schriftstücke zu verstehen seien, haben sie nicht verfehlt, dies wenigstens in den Motiven zu thun. Hinsichtlich der Frage der rechtlichen Erheblichkeit wäre ein Mehreres gefordert gewesen. Denn je nachdem dieselbe als ein allgemeines Merkmal der Urkunden betrachtet wird, oder nicht, ist jenes System von Bestimmungen als auf einer verschiedenen prinzipiellen Grundlage stehend zu betrachten. Zugleich würde durch die Beseitigung jenes Merkmals mehreren dieser Bestimmungen (z. B. dem §. 348 des deutschen im Vergleich mit dem §. 323 des preussischen Strafgesetzbuches) ein sehr viel weiteres Anwendungsgebiet gegeben worden sein. Es kann wohl mit Zuversicht behauptet werden, dass die Redaktoren hieran nicht gedacht haben. Es soll jedoch mit diesem Hinweis auf die Meinung der Autoren des Gesetzes nicht gesagt sein, dass derselben dem Zusammenhange der gesetzlichen Bestimmungen selbst gegenüber eine wesentliche Bedeutung zukomme. Mehr Gewicht als dieser Meinung ist aber wohl dem Umstande beizumessen, dass der im preussischen Strafgesetzbuch aufgestellte Urkundenbegriff in dem berührten Punkte nicht als ein nur jenem eigenthümlicher oder als ein für einen gegebenen Zweck singulär bestimmter zu betrachten ist. Denn derselbe begegnet uns in der

Gesetzgebung und Doktrin häufig als der mit dem Worte „Urkunde“ naturgemäss verbundene. So im bayerischen Strafgesetzbuch im Art. 317. Auch das ältere bayerische Strafgesetzbuch hatte denselben, wie die im Art. 266 gegebene Exemplifikation erkennen lässt, vorausgesetzt. Ebenso das hannövrische (Art. 317, 2). Ferner das würtembergische (A. 356 zu vgl. mit Art. 369 und 419). Vgl. die offiziellen Motive zu Art. 339 des Entwurfs zu letzterem. S. auch Hepps Kommentar S. 136, 8. Gleiches gilt vom braunschweigischen Strafgesetzbuch. Vgl. die offiziellen Motive zu §. 131 desselben. Nach Krug hat die sächsische Praxis stets einen dem §. 247 des preussischen Strafgesetzbuches entsprechenden Begriff angewendet (Komm. II S. 37). Vgl. auch den Art. 456 des hessischen Strafgesetzbuches etc. In der Vorgeschichte des preussischen Strafgesetzbuches treten allerdings sehr verschiedene Auffassungen hervor. Man neigte zuerst einer weiteren Fassung des Begriffs zu. Doch ward dabei gelegentlich anerkannt, dass man im gemeinen Leben unter Urkunde häufig nur eine solche Schrift verstehe, die von Hause aus dazu bestimmt gewesen sei, Rechte und Verbindlichkeiten zwischen bestimmten Personen festzustellen und die Existenz derselben zu beweisen“ (Beseler, Kom. S. 473). Vgl. im Uebrigen noch Tittmann,

Handbuch des Strafrechts III, S. 422, Temme, Lehre vom strafb. Betruge, S. 113, Gessler, l. c. S. 139 (dessen Bemerkungen in der Anm. 37 jedoch der Berichtigung bedürfen), v. Kräwel im Gerichtssaale XI S. 448, XX S. 432 ff., John, das Strafrecht in Norddeutschland S. 122, Berner Lehrbuch, 7. Aufl., S. 561, Schütze Lehrbuch, 2. Aufl. S. 484 c., Binding, die Normen etc. S. 110 Anm.

Ad 2. Es ist oben ausgeführt worden, dass die factische Beweiserheblichkeit eines Gegenstandes ihn zu dem Begriffe der Urkunde an sich in keine nähere Beziehung bringe, dass dieselbe erst eine Bedeutung gewinne in Verbindung mit dem Umstande, dass der Gegenstand von irgend einer Seite her die Bestimmung erhalten hat, gegebenen Falls wirklich zum Beweise zu dienen. Im Gebiete des Rechtslebens aber kommt auch diese Bestimmung nicht in Betracht, wenn sie nicht in äusseren Merkmalen einen und zwar einen an der Sache selbst hervortretenden Ausdruck gefunden hat. Auch damit ist indessen das Wesentliche noch ungenügend bestimmt. Beliebige, von dem Einzelnen willkürlich gewählte Zeichen verleihen der Sache die Urkundenqualität nicht. Es müssen Zeichen gewählt sein, welchen Gesetz oder Gewohnheit die Bedeutung beigelegt haben, im Verkehre oder im Gerichte Glauben zu wirken. Daher

Schriften, auch wenn sie sich auf rechtlich erhebliche Thatsachen beziehen, Acten z. B., nicht ohne Weiteres als Urkunden zu betrachten sind, wie dies durch die §§. 92 und 133 bestätigt wird. Um sich hierüber zu vergewissern, muss man sich die ratio der hierhergehörigen Strafgesetze vergegenwärtigen. Dieselbe liegt nicht etwa in dem Umstande, dass Urkunden gleich anderen Gegenständen Mittel zur Begehung eines Betrugs oder eines anderen Verbrechens abgeben können, sondern wie bereits ausgeführt worden ist, in der besonderen Bedeutung, welche ihnen als anerkannten rechtlichen Beglaubigungsmitteln zukömmt. Diese Eigenschaft aber haftet an bestimmten durch irgend eine Norm bezeichneten Merkmalen. So z. B. an den Merkmalen beweiskräftiger Handelsbücher. Weder ihre Beziehung auf rechtlich erhebliche Thatsachen, noch ihre faktische Beweiserheblichkeit, noch die Bestimmung, welche ihnen der einzelne Kaufmann gegeben, würde genügend sein, um sie zu Urkunden zu stempeln. Eine wesentliche Voraussetzung hiefür ist vielmehr das Vorhandensein einer Norm, welche mit den Merkmalen dieser Bücher unter gewissen Voraussetzungen eine Beweiskraft verbindet. —

Ist nun die gegebene Begriffsbestimmung unverwerflich, so ergibt sich die Frage, welchen Sinn es habe, dass im §. 267 des Strafgesetzbuches von solchen Privaturkunden die Rede ist, „welche zum Beweise von Rechten oder Rechtsverhältnissen von Erheblichkeit“ sind? Muss hierin den obigen Ausführungen zufolge nicht eine Tautologie gefunden werden? Es bietet sich uns bezüglich dieser Worte eine zweifache Möglichkeit, nämlich: a. anzunehmen, dass die Worte auf den gerichtlichen Beweis Bezug haben. Danach würden gewisse Arten von Privaturkunden, welchen zwar im Verkehre die Bedeutung von Beglaubigungsmitteln, nicht aber eine gesetzlich begründete Beweiskraft im Processe zukömmt, aus dem Anwendungsgebiete der §§. 267 und 268 ausscheiden. Diese Ansicht habe ich im Handbuche vertreten. Nach ihr würden die erwähnten §§. Urkunden in einem beschränkteren Sinne in Betracht ziehen als die §§. 348 und 349. Die Differenz würde jedoch für den vorliegenden Process bedeutungslos sein. b. anzunehmen, dass durch die Aufnahme eines Theiles der Definition des §. 247 des preussischen Strafgesetzbuches nur gewisse Zweifel beseitigt werden sollten, welche das Wort „Urkunde“ hinsichtlich des Gegenstandes dieser §§. vielleicht bestehen lassen konnte. Danach würde der fragliche Zusatz nur eine Erläuterung zu diesem Worte enthalten, welche als ein für allemal gegeben zu betrachten wäre und also auch bei der Auslegung des §. 348 al. 2 als massgebend zu behandeln wäre. Hiefür spricht der Umstand, dass man an anderen Stellen z. B. in §. 274, wo es keinen Sinn hatte, die Urkunden in einem weiteren Umfange zu berücksichtigen als im §. 267 den Zusatz weggelassen hat. Allerdings wäre dies eine wenig logische Art der Erläuterung. Auch hat diese Auslegung ohne Zweifel etwas Künstliches. Aber sie hat den Vorzug, das Ganze der hierhergehörigen Bestimmungen als in sich übereinstimmend erscheinen zu lassen. Ob nun im Uebrigen diese letztere Annahme oder die zuerst (unter a) entwickelte den Vorzug verdiene, das an dieser Stelle näher zu untersuchen, ist durch den Zweck der gegenwärtigen Ausführungen nicht geboten. Genug, dass den hervorgehobenen Worten ein entscheidender Einwand gegen die im Bisherigen vertretenen Ansichten nicht entnommen werden kann. —

Machen wir nun die Anwendung des Gesagten auf die vorliegende Anklagesache, so ergibt sich, dass §. 348 al. 2 bezüglich ihrer nicht anwendbar ist, weil der Correspondenz zwischen dem Reichskanzler und dem Grafen v. Arnim die in diesem Paragraphen vorausgesetzte Urkundenqualität fehlt. Ihrem amtlichen Charakter kann in dieser Hinsicht eine Bedeutung nicht beigemessen werden, da derselbe keines der zuletzt erörterten spezifischen Merkmale der Urkunden in sich schliesst. Dem Erkenntniss der 1. Instanz ist sonach in diesem Punkte beizutreten.

Sollten nun aber gleichwohl die in Frage stehenden Schriftstücke als Urkunden betrachtet werden, so würde zu untersuchen sein, ob dem Angeklagten die vermeintliche Urkundenqualität bekannt gewesen sei. Denn wenn §. 348, wie allgemein und auch von dem Gerichte erster Instanz mit Grund angenommen wird, Dolus voraussetzt, so gilt dies bezüglich sämmtlicher äusserer Merkmale der That, also auch bezüglich der Urkundenqualität der angeblich bei Seite geschafften Gegenstände. Dieses Erforderniss aber würde eine verschiedene Gestalt annehmen, je nach dem Urkundenbegriff, den der Richter zum Ausgang nähme. Ich lasse dahin gestellt, was sich hier in den verschiedenen möglichen Fällen aus dem vorliegenden Beweismateriale für die bezeichnete Frage entnehmen liesse.

Wenden wir uns den anderen Voraussetzungen des §. 448 al. 2 zu. Derselbe fordert, dass die Sache dem Beschuldigten „amtlich anvertraut oder zugänglich“ gewesen sei. Sie muss sich also in amtlicher Verwahrung befunden haben und es muss jenem nur eine Einwirkung auf dieselbe auf

Grund seiner amtlichen Befugnisse, nach Massgabe amtlicher Zwecke gestattet gewesen sein. Die Eigenthumsfrage ist hiebei gleichgültig. In Bezug auf dieses Erforderniss werden die verschiedenen Serien von Schriftstücken auseinandergehalten. Hinsichtlich der Serie I (die 13 kirchenpolitischen Actenstücke), sowie hinsichtlich der Serie III (die vermissten 23 Actenstücke) ist das Vorliegen desselben allgemein anerkannt, hinsichtlich der Serie II dagegen (die Conflictsacten, 12 Stücke) bestritten.

Das richterliche Erkenntniss scheidet aus der letzteren Serie drei Erlasse als vorwiegend disciplinärer, daher auf Seiten des Empfängers privater Natur aus, während es bei den übrigen neun dazu gehörigen Actenstücken das Erforderniss gegeben findet. Ich halte die von ihm geltend gemachten Gesichtspunkte für richtig und durchgreifend, glaube jedoch darauf aufmerksam machen zu sollen, dass die in dem Erkenntnisse sowie die von der Anklage über diesen Punkt gegebenen Ausführungen ihrer Fassung nach zu einem Missverständnisse Anlass geben können. Sie rufen nämlich den Schein hervor, als wenn es nach dem Gesetze unmittelbar darauf ankäme, ob die fraglichen Actenstücke „amtliche“ seien, oder nicht. Das ist aber nach keinem der in Betracht kommenden §§. der Fall. Nach §. 348, 2 können beliebige Privaturkunden, nach §. 350 beliebige „Sachen“, nach §. 133 beliebige „Gegenstände“ in Betracht kommen, unter der Voraussetzung jedoch, dass die Objecte in amtliche Verwahrung gegeben seien. Der Schwerpunkt der Untersuchung ist demgemäss nicht in die Frage zu legen, ob die betreffenden Schriftstücke an sich, mit Rücksicht auf den Absender oder mit Rücksicht auf ihren Inhalt, eine Beziehung zum Amte haben (es könnte dies zu verneinen und der fragliche Verbrechensbegriff gleichwohl anwendbar sein und umgekehrt . .), sondern in die Frage, welches ihre Bestimmung in den Händen des Empfängers gewesen sei. Hier nehme ich nun mit dem Richter • 1. Instanz an, dass die bloss disciplinären Erlasse die Bestimmung hatten, von dem Empfänger gelesen und beherzigt, nicht aber, von ihm in amtliche Verwahrung genommen oder zum Gegenstande einer ferneren Amtsthätigkeit gemacht zu werden. Diese, wie ich glaube, korrektere Formulirung der Frage ist m. E. nicht völlig bedeutungslos für die Beurtheilung des Verhaltens des Angeklagten. Man mag sich schwer überreden zu der Annahme, dass derselbe die sämmtlichen Conflictsacten nicht für amtliche Schriftstücke angesehen habe, während es sich hinsichtlich eines Irrthums über die weitere Bestimmung der Schriftstücke wesentlich anders verhält.

Die zuerst erwähnten Erlasse von wesentlich disciplinärem Charakter sind also von dem Angeklagten als amtlich anvertraut oder zugänglich im Sinne des Gesetzes mit Grund nicht betrachtet worden. Hatten sie diese Eigenschaft aber zur Zeit, wo derselbe sie empfing und beziehungsweise mit sich nahm, nicht, so konnte auch die später an ihn ergangene Weisung, sie herauszugeben, ihnen diese Eigenschaft nicht ex post verleihen. Ebensowenig wie dies bezüglich der 4 auf die Beurlaubung, Abberufung und Versetzung des Angeklagten gerichteten Erlasse dadurch geschehen ist, dass sie anfänglich gleichfalls zurückgefordert worden waren. Die Anklage scheint, indem sie diese 4 Erlasse bei Seite lässt, von derselben Ansicht auszugehen.

Die anderen hierhergehörigen Schriftstücke waren als amtlich anvertraut zu betrachten. Es besteht aber die schon berührte Frage, ob der Angeklagte nicht auch von ihnen angenommen habe, dass sie für ihn persönlich bestimmt und nicht in amtliche Verwahrung gegeben seien. Der Richter hält die Annahme nicht für ausgeschlossen, dass es sich so verhalten habe. Ich trete ihn darin bei, sehe es jedoch als ausserhalb meiner Aufgabe liegend an, in diese Beweisfrage spezieller einzugehen. Ging aber der Angeklagte von jener irrigen Ansicht aus, so mangelte es ihm in Bezug auf eines der Elemente des Thatbestandes am Bewusstsein und mithin an dem nach §. 348 (und ebenso nach §. 133) vorauszusetzenden rechtswidrigen Vorsatze (Dolus). Ob dieser Mangel sich in einer Unkenntniss von Rechtsbestimmungen oder in einer solchen von thatsächlichen Verhältnissen begründete, ist vollständig gleichgültig.

Die spätere Aufforderung des Auswärtigen Amtes, diese Schriftstücke herauszugeben, änderte bezüglich dieser Frage an der Sachlage nichts. Der Angeklagte musste aus dieser Aufforderung entnehmen, dass das Auswärtige Amt eine andere Auffassung in Bezug auf die Bestimmung der Schriftstücke habe, als er selbst. Inwieweit er nun diese Auffassung der vorgesetzten Behörde für sich ohne Weiteres als bindend und für sein Verhalten massgebend hätte ansehen sollen, das ist hier nicht zu untersuchen. Denn es hat mit der Frage, wie er selbst die Sache faktisch angesehen, d. i. also mit der hier allein interessirenden Dolusfrage, nichts zu thun. Davon abgesehen muss der Beweis des Dolus, wie das Gericht hervorhebt, für denjenigen Zeitpunkt erbracht werden, in welchem die angeblich verbrecherische Handlung begangen wurde. Diese Handlung aber ging jener Aufforderung voraus und ist daher ohne Rücksicht auf dieselbe zu beurtheilen.

Was nun diese Handlung selbst betrifft, so behauptet die Anklage, dass ein Beiseiteschaffen im Sinne des §. 348, 2 (bzw. des §. 133) vorliege. Das Gericht stimmt mit ihr hinsichtlich der Serie I (kirchenpolitische Actenstüke) überein, während es hinsichtlich der Serien II und III die Frage verneint. Ich glaube, dass sie auch hinsichtlich der Serie I zu verneinen ist, und dass das Gericht seiner eigenen Rechtsansicht zufolge ebenfalls zu dieser Verneinung hätte gelangen sollen, werde jedoch an dieser Stelle nicht näher darauf eingehen. Die Frage präsentirt sich in der nämlichen Gestalt in Bezug auf §. 133 und ist im richterlichen Erkenntnisse mit spezieller Beziehung auf diesen erörtert worden. Ich schliesse mich dem Erkenntnisse darin an.

Ich resümire meine Ansicht in Bezug auf §. 348, 2. Die in ihm vorausgesetzte Urkundenqualität fehlt sämmtlichen incriminirten Actenstücken. Als „anvertraut“ im Sinne desselben ist die Mehrzahl der Actenstücke zu betrachten. Hinsichtlich der Conflictspapiere (Serie II) ist jedoch die Annahme eines relevanten Irrthums in Betreff dieses Erfordernisses nicht ausgeschlossen. Die im Paragraphen vorausgesetzte Handlung dagegen ist in Bezug auf keines der Schriftstücke nachgewiesen. Derselbe ist daher in der vorliegenden Processsache unanwendbar.

II. §. 350.

Ueber das Verhältniss unserer Processsache zu §. 350 (Unterschlagung amtlich anvertrauter Sachen) habe ich nur Weniges zu bemerken. Ich finde mich hier im Wesentlichen im Einklang mit dem Erkenntniss der I. Instanz. So nehme ich mit ihm an, dass Schriftstücke der in Frage stehenden Art nach unserem Strafgesetzbuch den Gegenstand einer Unterschlagung bilden können. Ich anerkenne jedoch der Vertheidigung gegenüber, dass die Anwendung dieses Begriffs hier nicht leicht als sachentsprechend erscheinen werde, weil bei betreffenden Handlungen der charakteristische Gegenstand des Angriffs kaum jemals in dem Eigenthumsinteresse, welches dem Sachwerthe der Schriftstücke entspricht, gegeben sein wird, sondern wohl in der Regel in dem Interesse an der Geheimhaltung ihres Inhaltes. Die Wahrung des letzteren Interesses aber liegt der natürlichen Bestimmung der Vorschriften über Diebstahl und Unterschlagung fern! Die Vertheidigung hat auch darin recht, dass die Frage, ob in solchen Schriftstücken „fremde" Sachen im Sinne der Bestimmungen über Diebstahl und Unterschlagung gegeben seien, von Fall zu Fall besondere Schwierigkeiten bieten könne. Wenn das Gericht 1. Instanz betreffenden Schwierigkeiten dadurch glaubt aus dem Wege gehen zu können, dass es annimmt, es komme nur auf das Nichteigenthum des Beschuldigten, nicht auf die Existenz und Nachweisbarkeit eines fremden Eigenthums an, so befindet es sich im Irrthum. Nach dieser Annahme würde, da der Begriff der fremden Sache selbstverständlich kein andrer für den Diebstahl als für die Unterschlagung ist, auch an herrenlosem Gute ein Diebstahl begangen werden können. Dass dies aber dem Sinne unserer Gesetze nicht entsprechend sei, darüber ist wohl kaum ein Zweifel möglich. Ich begnüge mich damit, auf die Bemerkungen hierüber im Handbuche III S. 633, 37 zu verweisen.

Im Weiteren sind hier die verschiedenen Gruppen von Schriftstücken zu unterscheiden. Hinsichtlich der S. III (der vermissten Papiere) ist nach der Meinung des Gerichts, der ich beitrete, die Beweisfrage in allen wesentlichen Beziehungen unerledigt geblieben. Hinsichtlich der S. I (der kirchenpolitischen Papiere) liegt ebenfalls der Schwerpunkt auf der Beweisfrage. Ein unbefugtes Zurükbehalten der Actenstücke ist hier zwar ausser Zweifel gestellt.

Aber es ist weder ein bewusst rechtswidriger noch überhaupt ein Zueignungsact, wie er zur Unterschlagung gehört, noch der Versuch eines solchen, noch eine hierauf gerichtete Absicht nachgewiesen. So wenigstens nach der Ansicht des Gerichts, die ich auch hier für die richtige halte.

Anders liegt die Sache bei der Serie II (Conflictsacten). Die Zueignungsabsicht war in Bezug auf diese Papiere, wie nicht bestritten wird, vorhanden. Auch hat sie einen dem gesetzlichen Begriff der Zueignung entsprechenden Ausdruck erhalten. Ein solcher nämlich ist darin zu finden, dass der Angeklagte an die Stelle des amtlichen Gewahrsams die eigne private Willensherrschaft und zwar als eine exclusive und seiner Absicht nach dauernde gesetzt hat. Aber handelte es sich um eine rechtswidrige Zueignung, und speziell um eine Zueignung, welche einen Eingriff in fremde Vermögensrechte enthält, wie es zum Begriff der Unterschlagung gehört?

In Bezug auf diejenigen Schriftstücke, welchen ein wesentlich disciplinärer Charakter nicht zuzuerkennen ist (s. oben zu §. 348, 2), ist die Frage, insoweit es sich um den äusseren Thatbestand handelt, zu bejahen. Denn wenn diese Papiere nicht für den Angeklagten persönlich sondern dazu bestimmt waren, in einer Beziehung zum Amte zu bleiben und für dasselbe in Verwahrung genommen zu werden, so gingen sie in das Vermögen des Empfängers nicht über, und ebensowenig erwuchs ihm die Befugniss, sie nachträglich zu Bestandtheilen desselben zu machen.

Sie blieben Vermögensstücke des Reichs und in ihrer Aneignung lag daher ein Eingriff in dessen Vermögensrechte. Dieser vermögensrechtliche Gesichtspunkt ist hier m. E. nicht formell auszuschliessen. Aber er tritt, worauf bereits hingewiesen wurde, für die natürliche Beurtheilung betreffender Vorgänge und auch für deren materiell rechtliche Würdigung durchaus in Hintergrund. Wer dachte, da er von dem Vorgehen Arnims erfuhr, wohl an eine gegen das Reich begangene Vermögensbeschädigung? Oder gar, woran bei „Unterschlagung, Diebstahl" etc. Jedermann denkt, an eine Bereicherung auf fremde Kosten? Dies darf bei der Frage, ob die That in ihren Merkmalen und speziell nach dieser vermögensrechtlichen Seite hin von Wissen und Wollen des Beschuldigten umfasst war, nicht übersehen werden.

Hinsichtlich dieser letzteren Frage machen sich indessen noch andere Rücksichten und zwar in durchgreifender Weise geltend. Es ist bereits früher (zu §. 348, 2) im Anschluss an das Erkenntniss der

1. Instanz ausgesprochen worden, dass die Annahme nicht ausgeschlossen sei, der Angeklagte habe mit Rücksicht auf den theilweise disciplinären Charakter der fraglichen Correspondenz dieselbe als persönlich für ihn bestimmt und nicht zu amtlicher Verwahrung übergeben angesehen. Verhielt es sich so, sah der Angeklagte folgeweise diese Schriftstücke als seine eigenen oder doch als solche an, deren er sich bemächtigen dürfe, so ist die Frage des rechtswidrigen Vorsatzes selbstverständlich zu verneinen. Die spätere Zurückforderung der Schriftstücke kann auch hier aus den früher (zu §. 348, 2) angegebenen Gründen dies Urtheil nicht modificiren.

Sollte aber angenommen werden, dass der Angeklagte angesichts des wirklichen Inhalts der Schriftstücke nicht aller Zweifel hinsichtlich des behaupteten Zueignungsrechtes sich habe erwehren können, und dass hierdurch die Annahme eines bedingten Dolus ermöglicht werde, so würde darauf hinzuweisen sein, dass derartigen Zweifeln eine strafrechtliche Bedeutung nicht beigelegt werden könne, so lange nichts geschieht, um eine sachentsprechende Entscheidung Seitens der zur Erledigung von Rechtsfragen berufenen Autorität, oder die Durchführung einer solchen Entscheidung zu vereiteln. Wer gar in solchen Fällen auf richterliche Entscheidung drängt und durch sein Verhalten erkennen lässt, dass er von Anfang an entschlossen gewesen sei, der Herrschaft des Rechts in ihrer Feststellung und Begrenzung durch gerichtliches Urtheil zu huldigen, der ist keinesfalls, wie tadelnswerth immer sein Verhalten unter anderen Gesichtspunkten erscheinen möge, in das Gebiet des kriminellen Unrechts eingetreten. Wo immer es sich nur darum handelt, Zweifel und Streit in Bezug auf das was in gegebenen Fällen dem Rechte entspricht zu erledigen, da ist die Anrufung der Kriminaljustiz vom Uebel, weil es nicht deren Aufgabe sein kann, der Civiljustiz oder den Disciplinarbehörden ihre Aufgaben abzunehmen. Der vorliegende Fall aber scheint, insoweit die Conflictsacten in Frage stehen, von der angegebenen Beschaffenheit zu sein.

III. §. 133.

Das Gericht 1. Instanz hat in der vorliegenden Rechtssache den §. 133 (über Beiseiteschaffung in amtlicher Verwahrung befindlicher Gegenstände etc.) zur Anwendung gebracht und in längerer Ausführung das Vorhandensein der in ihm aufgestellten Voraussetzungen nachzuweisen unternommen. Ich halte diesen Nachweis nicht für erbracht und glaube es ausser Zweifel stellen zu können, dass der Gerichtshof bei seiner Beweisführung einem Irrthume verfallen sei. Für seine Annahme, dass der §. auf Beamte anwendbar sei, kann er sich freilich auf die Kommentatoren des Strafgesetzbuches, sowie auf eine Entscheidung des Ober-Tribunals (zum preussischen Strafgesetzbuch) berufen. Auch kann ich ihm zwingende Gründe in dieser Hinsicht nicht entgegenstellen. Doch mag immerhin der Zweifel geäussert sein, ob wir in dem Abschnitte über die Verbrechen und Vergehen wider die öffentliche Ordnung Bestimmungen über Amtsdelicte zu suchen haben, zumal über solche Amtsdelicte, welche ihrer allgemeinen Kategorie nach (durch §. 348, 2, 354, 355 und 350) eine Stellung in dem Abschnitte über die Verbrechen und Vergehen im Amte gefunden haben. Als irrig würde ich es allerdings betrachten, wenn man als mögliche Subjekte des im §. 133 behandelten Delictes Beamte überhaupt nicht gelten lassen wollte. In Frage gezogen kann m. E. nur dies werden, ob solche Beamte, in deren amtlicher Aufbewahrung eine betreffende Sache sich befindet, welche sich also durch deren Beiseiteschaffung einer Verletzung ihrer besonderen Amtspflichten schuldig machen würden, wie es in unserem Falle geschehen sein soll, unter diesen

Paragraphen fallen. Der Wortlaut desselben dürfte sich eher für die Verneinung der Frage als für deren Bejahung geltend machen lassen und die Stellung desselben spricht bestimmt für die erstere. Die Bejahung der Frage liesse die Vorstellung entstehen, dass der Gesetzgeber bei der Vertheilung betreffender Materien zwischen dem Abschnitte über die Amtsdelicte und den übrigen Abschnitten nicht dies als entscheidend behandelt habe, ob eine (im Verhältniss zu dem etwaigen sonstigen Verbrechensgehalte bedeutsame) Verletzung von Amtspflichten vorliege oder nicht, sondern diess, ob es sich bei einem im Amte oder nicht im Amte begangenen Delicte um Urkunden — §. 348, 2 — oder um Acten etc. — §. 133 — handle. Aber auch diese Vorstellung würde an dem Umstande zerschellen, dass Urkunden sowohl an der einen Stelle wie an der anderen vorkommen und zwar als Gegenstände gleichartiger Delicte. Der Gesetzgeber hat daher entweder überhaupt kein Theilungsprinzip festgehalten, oder dasjenige, welches er selbst ausdrücklich aufgestellt hat und welches in dem Gegensatze von Amtsdelicten und anderen Delicten gegeben ist. Allerdings würde sich nach dem letzteren eine bedauerliche Lücke ergeben. Der Beamte, welcher die ihm anvertrauten Acten vorsätzlich bei Seite schafft, würde straflos bleiben, während der minder schuldige Dritte wegen einer solchen Handlung bestraft würde. Das Gericht 1. Instanz legt dieser Erwägung eine entscheidende Bedeutung bei; es ist ihr jedoch eine solche de lege lata nicht zuzuerkennen. Denn es finden sich in dem Gesetze ohne Zweifel Lücken sowie andre Fehler von gleichem Gewichte. Die Sache bleibt daher zweifelhaft und es wäre zu wünschen, dass bei Gelegenheit sonstiger Verbesserungen des Gesetzes der Abschnitt über Amtsdelicte eine Ausdehnung auf das besprochene Delict erhielte.

Der vorliegenden Sache gegenüber lege ich indessen grösseres Gewicht auf die Frage, ob die im §. 133 vorausgesetzte Handlung (Beiseiteschaffung, vorsätzliche Vernichtung oder Beschädigung) dem Angeklagten nachgewiesen sei, und beziehungsweise, ob das Gericht in diesem Punkte überhaupt das Richtige getroffen habe. Nach der Anklage soll ein „Beiseiteschaffen" im Sinne des Paragraphen vorliegen. Das Gericht unterscheidet, wie bereits zu §. 348 erwähnt worden ist, die 3 Serien der Schriftstücke. Was die S. III (die „vermissten" Papiere) betrifft, so nimmt es auch hier wie zu §. 350 an, dass die Beweisfrage eine offene geblieben sei, worin ich ihm beitrete. Bezüglich der S. II („Conflictspapiere") unterscheidet es die Zeit vor und die nach der Zurückforderung derselben Seitens des Auswärtigen Amtes. Für den ersten Zeitraum bestreitet es, dass der rechtswidrige Vorsatz erwiesen sei, für den zweiten zugleich das Vorliegen einer äusseren Handlung, welche als eine Beiseiteschaffung im Sinne des Gesetzes betrachtet werden könnte. Ich gebe ihm in beiden Beziehungen recht und weise zugleich darauf hin, dass Alles, was ich zu §. 350 über das Verhalten des Angeklagten zur Rechtsfrage und der Eventualität einer richterlichen Entscheidung bemerkt habe, hier die nämliche Bedeutung in Anspruch nimmt wie dort. Bezüglich der S. I (die kirchenpolitischen Acten) findet es mit der Anklage ein Beiseiteschaffen erwiesen. Ich folge hier seinen Ausführungen.

Als der Angeklagte diese Schriftstücke verschlossen in einer Dienstmappe des Auswärtigen Amtes in einen Koffer gepackt und von Paris aus der Botschaft wissentlich mit sich fortgenommen hatte, um sie direct an das Auswärtige Amt abzuliefern, da war nach derAnsicht des Gerichtes noch nichts Strafbares geschehen. Vielmehr war dieses Vorgehen an sich ein durchaus berechtigtes und die Depeschen befanden sich in der fraglichen Dienstmappe zum Zwecke der Ablieferung noch an einem durchaus berechtigten Orte. Es kam nur darauf an, dass die

Absicht der Ablieferung auch wirklich zur Ausführung gelangte.

Hier ist zunächst zu bemerken, dass die Frage, ob der Angeklagte im Einklang mit der Ordnung des diplomatischen Dienstes die Actenstücke zum Zwecke ihrer directen Ablieferung an das Auswärtige Amt mit sich nehmen konnte, nicht die Bedeutung hat, welche ihr beigemessen zu werden scheint. Denn wenn auch eine Ordnungswidrigkeit hierin zu finden und wenn diese auch vorsätzlich begangen wäre, so würde doch der bezeichnete Zweck von Vornherein die Frage ausschliessen, ob der strafrechtliche Begriff der „Beiseiteschaffung" erfüllt sei. Suchen wir hier vor Allem diesen Begriff genauer festzustellen. Es gehört dazu m. E.

1. die vorsätzliche und schuldhafte Entfernung der Sache von dem ihr zugewiesenen Orte, speziell nach §. 133 und §. 348: die Enfernung derselben von dem Orte, wo sie sich einer massgebenden Willensäusserung zufolge in amtlicher Verwahrung befindet.

2. Die Absicht, mittelst dieser Entfernung der Sache sie für den berechtigten Willen unerreichbar zu machen und eine wirksame Disposition über dieselbe von Seiten dieses Willens vollständig und in einer definitiven Weise (peremtorisch) auszuschliessen.

Nennen wir das sub 1 bestimmte das formelle, das sub 2 bestimmte das materielle Merkmal des uns beschäftigenden Begriffes. Das Obertribunal wird in einem von John in s. Kritiken strafr. Entsch. besprochenen Erkenntniss zu dem correspondirenden Paragraphen des preuss. Strafgesetzb. (Oppenhoff Rechtsprechung I. S. 29) beiden Merkmalen gerecht. Dagegen will John (l. c. S. 126 ff.) nur das erstere (d. formelle) Merkmal gelten lassen. Nach ihm handelt es sich darum, Sicherheit dafür zu gewähren, dass die öffentlich verwahrten Gegenstände allezeit für denjenigen und nur für ihn vorhanden seien, in dessen Interesse sie aufbewahrt sind. Wo diese Sicherheit vorsätzlich durch die Entfernung der Sache von dem öffentlichen Aufbewahrungsorte durchbrochen werde, da sei §. 133 anwendbar. Aber wenn dies die Willensmeinung des Gesetzgebers wäre, so würde der Paragraph wohl eine andere Fassung haben. Man würde nicht einen Wortlaut gewählt haben („vernichtet, bei Seite geschafft oder beschädigt") der nach seinem Zusammenhange und nach der Rolle, welche er sonst im Gesetze spielt (vgl. die §§. 348, 2 und 349 einerseits mit §. 274, andrerseits mit 350, ferner mit 354 und 55, s. auch die §§. 137 und 244, vgl. endlich den §. 225 des preuss. Strafgesetzb.) auf einen anderen Begriff hinweist. Das „bei Seite geschafft“ kann in §. 133 nichts Anderes bedeuten, wie in dem seinem Inhalte nach jenem so nahestehenden §. 348, 2, ebensowenig wie das Wort „vernichtet“ hier mit einem anderen Begriff zu verbinden ist, wie dort. Das erstere aber hat im §. 348 offenbar im Wesentlichen die gleiche Bedeutung wie das Wort „unterdrückt“ im §. 274. Nicht bloss die wiederkehrende Zusammenstellung mit „vernichtet“ und „beschädigt“, sondern auch das innere Verhältniss dieser Vorschriften zu einander (§. 348, 2 behandelt das gleiche Delict unter der Voraussetzung, dass es im Amte begangen wird) gibt dies an die Hand. Auch in den §§. 354 und 55 hat das „unterdrückt“ die nämliche Bedeutung wie das „bei Seite schafft“ in 133 und 348. Das erstere Wort aber weist ebenso entschieden wie die Worte „zerstört“ und „beschädigt“ auf unser zweites d. i. auf das materielle Merkmal hin. In dem „Beiseiteschaffen“ tritt neben diesem materiellen zugleich das formelle Merkmal (die Verletzung des für die Sache bestimmten Gewahrsams) deutlich hervor und dies lässt ihm dort, wo es sich um die Verletzung eines amtlichen Gewahrsams handelt, und wo dem gemäss diesem formellen Merkmale eine höhere Bedeutung zukömmt, den Vorzug vor dem „Unterdrücken“ zuerkennen. Die Vergleichung des §. 288 mit den §§. 354

und 55 lässt indessen erkennen, dass der Gesetzgeber bei der Wahl des einen oder des anderen Ausdrucks diesen Gesichtspunkt oder irgend einen anderen sachlichen Gesichtspunkt nicht festgehalten habe. Auf das gleiche Ergebniss wie die Prüfung des Wortlauts führt auch die der praktischen Behandlung, welche diesen Delicten zu Theil wird: des aufgestellten Strafmaasses und der Auszeichnung der gewinnsüchtigen Absicht. Ferner die Nebeneinanderstellung des in §. 348, 2 behandelten Delicts und der Unterschlagung. — Hiernach dürfte sich auch die speziellere Frage ob zur „Beiseiteschaffung" die Absicht gehöre, die Sache dem ordnungsmässigen Gewahrsam und bezw. dem Berechtigten dauernd zu entziehen, leicht beantworten lassen. Das Ober-Tribunal hatte an der erwähnten Stelle diese Frage bejaht und die Polemik Johns richtet sich vorzugsweise hiergegen. Das vorliegende Erkenntniss erster Instanz nimmt zu der Frage nicht ausdrücklich Stellung. Die betreffenden Ausführungen aber setzen die John'sche Ansicht als die richtige voraus (s. unten). In dem zuerst publicirten Urtheilsentwurfe hatte der Richter eine Definition aufgestellt, nach welcher die Absicht auf „mehr als kurz vorübergehenden Besitz" gerichtet sein müsste. Darin liegt eine Modification der John'schen Ansicht, bei welcher wohl kaum

Jemand bei einigem Besinnen wird stehen bleiben wollen. Ich habe in der oben gegebenen Definition das Wort „dauernd“ vermieden, weil es nicht vollkommen das bezeichnet, worauf es ankommt. Die Beiseiteschaffung, Unterdrückung, Zerstörung oder Beschädigung in öffentlichem oder privatem Gewahrsam befindlicher Gegenstände hat nach den gegebenen Ausführungen mit der Unterschlagung von solchen und bezw. mit dem Diebstahle die Negative: Aufhebung der Willensherrschaft des Berechtigten gemein, während sie sich von ihnen durch die Beschränkung hierauf unterscheidet. In dem nämlichen Sinne nun, in welchem bei Diebstahl und Unterschlagung vorausgesetzt wird, dass die Absicht des Handelnden auf gänzliche und peremtorische Aufhebung der Willensherrschaft des Berechtigten gerichtet sei, ist dies auch bei dem uns beschäftigenden Delicte der Fall. Wie aber der Diebstahl nicht durch die Absicht ausgeschlossen wird, unter irgend welchen Bedingungen (z. B. wenn man ein reicher Mann werden sollte), die Sache zurückzugeben, so nicht die Beiseiteschaffung von Actenstücken. Wie man ferner eine Unterschlagung in einem solchen Gebrauche von Urkunden finden kann, welcher die Bedeutung der Urkunde als solcher vollständig aufhebt, so eine Beiseiteschaffung oder Unterdrückung in einer Beseitigung von Urkunden, welche, obgleich nur von kurzer Dauer, an der Stelle der Urkunden nur werthloses Papier übrig lässt. — Wenden wir uns nach dieser Abschweifung zu unserem Falle zurück, so werden wir zunächst die Behauptung als eine begründete betrachten dürfen, dass die Wegführung der Schriftstücke aus der Pariser Botschaft, wenn sie auch als eine ordnungswidrige Entfernung von dem für sie bestimmten öffentlichen Aufbewahrungsorte zu betrachten wäre, was von dem Gerichte verneint wird, und wenn diese Ordnungswidrigkeit auch als eine vorsätzlich begangene erschiene, für sich allein die Voraussetzungen des §. 133 noch nicht enthalten würde. Es müsste der Beweis hinzukommen, dass der Angeklagte bei der Wegführung der Schriftstücke die Absicht gehabt habe, dieselben der Willensherrschaft des Berechtigten (des Auswärtigen Amtes) gänzlich, und zwar d u r c h diese Wegführung, zu entziehen. Das Gericht hält diesen Beweis und zwar wie ich glaube mit gutem Grunde nicht für erbracht. Es ist daher eine zureichende Grundlage für das von ihm ausgesprochene Urtheil vorhanden, dass für die Zeit der Abreise von Paris das Delict als begangen nicht erwiesen sei.

Aber der für die Abreise von Paris nicht erbrachte Beweis soll für die spätere Abreise von

Berlin erbracht sein. Der Angeklagte hat bei seiner Ankunft in Berlin die Ablieferung nicht bewirkt; auch während des mehr als zweiwöchentlichen Aufenthalts daselbst seine ursprüngliche Absicht unausgeführt gelassen. Er hat endlich bei seiner Wiederabreise auch die Dienstmappe des Auswärtigen Amtes sammt den fraglichen Schriftstücken wieder mitgenommen. Durch diese Mitnahme nun soll er nach dem vorliegenden Erkenntniss die Schriftstücke vorsätzlich bei Seite geschafft haben. Durch eine selbst nur eine Minute vor seiner Abreise bewirkte Ablieferung würde nach ihm der Angeklagte die Strafthat vermieden haben. Prüfen wir denn, ob diese Mitnahme die oben bestimmten beiden Merkmale wirklich in sich vereinige.

1. Zunächst müsste durch diese Mitnahme die Entfernung der Schriftstücke von dem Orte, an welchem sie sich in rechtmässiger amtlicher Verwahrung befanden, bewirkt sein. Nach dem vorliegenden Erkenntniss war dieser rechtmässige Aufbewahrungsort bei der Abreise von Paris die Dienstmappe des Auswärtigen Amtes im Besitze des Gesandten. In diesem Besitze aber und in der fraglichen Dienstmappe sind die Schriftstücke auch weiterhin geblieben. Sollen sie daher gleichwohl nach der Abreise von Berlin nicht mehr an dem „berechtigten“

Orte gewesen sein, so muss derselbe durch die soeben hervorgehobenen Merkmale nicht vollständig characterisirt sein; zu der Dienstmappe und dem Besitze des Gesandten muss dann noch ein weiteres Merkmal als bestimmend für die Rechtmässigkeit des früheren Aufenthaltsortes hinzukommen. Dieses Weitere aber kann lediglich gefunden werden in dem Zweck der Ablieferung an das Auswärtige Amt. Lediglich insofern, als dieser der Mitführung der Schriftstücke und der Innebehaltung derselben Seitens des Gesandten zu Grund lag, ist die Annahme zulässig, dass sie bei ihm sich in der bestimmungsgemässen amtlichen Verwahrung befunden haben. In dem Momente, wo die Ablieferung erfolgen konnte und sollte und gleichwohl nicht erfolgte, änderte der Besitz der Actenstücke seinen Charakter. Zugleich konnte, so lange die übrigen Merkmale des berechtigten Besitzes bestehen blieben, nur in dieser Weise der vorher berechtigte zu einem unberechtigten werden. Nun behaupte ich:

a. der fragliche Moment, wo die entscheidende Umwandlung in dem rechtlichen Charakter des Besitzes der Schriftstücke vor sich ging, fällt nicht zusammen mit der Abreise von Berlin;

b. diese Umwandlung erfolgte lediglich dadurch, dass der Angeklagte die Schriftstücke nicht rechtzeitig herausgab, also durch ein ordnungswidriges negatives Verhalten, in welchem das in Frage stehende Erforderniss nicht gefunden werden kann;

c. die Abreise von Berlin brachte die Schriftstücke in keine juridisch verschiedene Lage, sie hat die rechtliche Sachlage überhaupt in keiner Hinsicht geändert;

d. das in Rede stehende Erforderniss kann für keinen Zeitpunkt nachgewiesen werden.

ad a. Das erstinstanzliche Erkenntniss selbst betont, dass der Angeklagte länger als 2 Wochen in Berlin gewesen sei und während derselben dringende Veranlassung gehabt habe, sich auf seine Pflicht zu besinnen und Gelegenheit genug, sie zu erfüllen. Wenn sich dies aber so verhielt, so war das Innebehalten der Acten ordnungswidrig lange vor der Abreise und ist es nicht erst durch diese geworden, so können ferner durch diese Abreise und die Mitnahme der Acten die letzteren nicht von dem berechtigten Orte entfernt worden sein, da sie schon vorher aufgehört hatten, sich an einem solchen zu befinden.

ad b. Das Verhalten des Angeklagten war pflichtwidrig wie das vorliegende Erkenntniss selbst ausführt, nicht weil derselbe die Schriftstücke von der

Pariser Botschaft aus mit sich auf die Reise nahm, sondern lediglich, weil er die Absicht, aus welcher dies geschah, nicht ausführte, d. i. weil er nicht, sobald es geschehen konnte, die Ablieferung an das Auswärtige Amt bewirkte. Das ist aber ein blos negatives Verhalten, welches der Richter selbst dem Vernichten, Beiseiteschaffen etc. entgegenstellt und von welchem er behauptet, dass es vielleicht nach §. 274 in Betracht kommen könnte (worin er irrt), keinesfalls aber nach §. 133, 348 (und 350). Mit der letzteren Behauptung hat das Gericht unzweifelhaft recht. Ebenso unzweifelhaft aber ist es mit derselben in Widerspruch getreten, indem es §. 133 in dem vorliegenden Falle zur Anwendung brachte. Denn die Schuld des Angeklagten ist hier damit vollkommen umschrieben, dass er die in seinem (ursprünglich rechtmässigen) Besitze befindlichen Schriftstücke nicht rechtzeitig herausgegeben und es hat darauf ankommen lassen, dass sie von der berechtigten Amtsstelle zurückgefordert würden.

ad c. Der Richter lässt, als sei er ermüdet, von dem langen Wege einer schwierigen Beweisführung, am Ziele die ihn im Uebrigen auszeichnende Umsicht vermissen. Er legt der Wegreise von Berlin eine Bedeutung bei, für welche sich eine Begründung in seinen Ausführungen nicht findet, und für welche sich eine solche überhaupt nicht erbringen lässt. Was ist durch sie an der Sachlage geändert worden? Nach seiner Meinung sind die Schriftstücke durch sie „dem ordentlichen Geschäftsbetriebe der berechtigten Amtsstelle entzogen worden.“ Er behauptet damit zugleich, dass sie sich vorher in demselben befunden haben, sowie ferner, dass dies auch nachher der Fall gewesen wäre, wenn der Angeklagte sammt der bewussten Mappe seinen Aufenthalt in Berlin fortgesetzt hätte. Lassen sich diese Behauptungen den Thatachen und den eigenen Ausführungen des Richters gegenüber auch nur einen Augenblick vertreten? Die Schriftstücke sind vorher pflichtwidrig nicht an die berechtigte Stelle abgeliefert worden, befanden sich also nicht in ihrem Besitze. Wie konnten sie nun gleichwohl derselben „entzogen“ werden. Und entzogen werden durch eine Handlung, welche die Beziehungen der Schriftstücke zu der berechtigten Stelle in irgend einer relevanten Weise gar nicht berührte? Wenn der Angeklagte in Berlin die Nichtablieferung fortgesetzt hätte, statt in Nassenheide und unterwegs dahin etc., in welchem Punkte wären dann jene Beziehungen dem Gesetze und der Ordnung des Dienstes mehr entsprechende gewesen? Die Möglichkeit einer wirksamen Disposition war, so lange das Auswärtige Amt nicht wusste, wo die Schriftstücke sich befanden, unter der einen und der anderen Voraussetzung gleich wenig für es vorhanden; die Möglichkeit, den Gesandten nach dem Verbleiben der Actenstücke zu fragen, auf erhaltene Auskunft deren Herausgabe zu verlangen und eventuell die Hilfe der Justiz in Anspruch zu nehmen, dagegen unter den verschiedenen Voraussetzungen die gleiche.

ad d. Nach dem Gesagten steht die Entfernung von Berlin ausser Zusammenhang mit der Aufhebung des berechtigten Gewahrsams und diese letztere ausser Zusammenhang mit irgend einer Einwirkung auf die Sache selbst oder deren räumliche Beziehungen, ausser Zusammenhang ferner mit irgend einem activen rechtswidrigen Verhalten. Daher das hier zunächst ins Auge gefasste (formelle) Merkmal der Beiseiteschaffung weder in dem einen noch in dem andern Vorgang zu finden ist. Daraus ergibt sich denn ohne Weiteres die Unanwendbarkeit des §. 133 (sowie des §. 348, 2).

Dieses Ergebniss ist durchaus unabhängig davon, ob der Begriff der Beiseiteschaffung im Sinne Johns oder im Sinne des Gerichts 1. Instanz oder im Sinne des Obertribunals, beziehungsweise der von mir gegebenen Definition bestimmt wird. Denn die hier bestehende Meinungsverschiedenheit betrifft das unter

1. besprochene Erforderniss, dessen Nichtvorliegen in unserem Falle soeben nachgewiesen wurde, nicht.

2. Würde gleichwohl die Ansicht festgehalten werden, dass das besprochene Merkmal vorliege, so würde die Untersuchung sich dem zweiten (materiellen) Merkmale zuzuwenden haben. Es würde also zu prüfen sein, ob der Angeklagte die Actenstücke in der Absicht mitgenommen habe, sie dem Auswärtigen Amte schlechthin zu entziehen oder ob dies nicht der Fall sei. Das Gericht 1. Instanz hat diese Frage nicht ausdrücklich aufgeworfen. Es scheint indessen von der m. E. richtigen Meinung auszugehen, dass hinsichtlich der Absichten des Angeklagten überhaupt kein sicherer Beweis erbracht sei. Demnach wäre eine Freisprechung gefordert gewesen. Das Gericht legt indessen entscheidendes Gewicht nur darauf, dass der Angeklagte die Actenstücke der berechtigten Stelle „vorsätzlich" und nicht auf Grund blosser Vergesslichkeit entzogen habe. Es stellt sich damit auf den Standpunkt Johns, den ich oben als einen unhaltbaren zu erweisen versucht habe.

Wir müssen sonach die im Anfange aufgeworfene Frage dahin beantworten, dass die Mitnahme der Actenstücke bei der Wegreise von Berlin keines der beiden zum Begriff der Beiseiteschaffung gehörigen Merkmale enthält. Daher denn das Urtheil als ein begründetes erscheinen dürfte, dass das Erkenntniss 1. Instanz, insoweit es eine Verurtheilung enthält, nicht auf dem Boden des Gesetzes stehe, während ihm im Uebrigen beizutreten ist.

IV. (Concurrenz.)

Nach der Anklage hat sich der Angeklagte einer Mehrheit von Delicten schuldig gemacht und zwar durch eine und dieselbe Handlung. Er soll Urkunden, welche ihm amtlich anvertraut waren, vorsätzlich bei Seite geschafft (Delict nach §. 348) und dieselben zugleich durch das nämliche Vorgehen unterschlagen haben (Delict nach §. 350). Es würde danach eine ideale Concurrenz im Sinne des §. 73 des Strafgesetzbuches vorliegen. Diese Annahme beruht jedoch auf einem Irrthum. Angenommen die Voraussetzungen der §§. 350 und 348, 2 beziehungsweise 133 wären als vorliegend nachgewiesen, so würde doch nicht eine Concurrenz von Delicten, sondern lediglich eine scheinbare Concurrenz von Gesetzen gegeben sein, d. h. es würde die Frage entstehen, welcher von jenen Paragraphen als der speziellere zu betrachten und demgemäss zur Anwendung zu bringen sei.

Die Unterscheidung jener beiden Begriffe ist trotz der im §. 73 aufgestellten Absorptionstheorie eine praktische. Hieran würde selbst der Nachweis nichts ändern, dass die Redaktoren des Strafgesetzbuches selbst den Unterschied übersehen hätten (wie denn §. 73 in seiner dermaligen Fassung in der That auf Missverständnissen beruht).

Ich glaube nun nicht, dass der gerügte in unseren Commentaren hundertfach begegnende Fehler im gegenwärtigen Processe eine praktische Tragweite haben werde. Gleichwohl mag es nicht unangemessen sein, denselben mit einigen Worten spezieller zu kennzeichnen.

Die vorsätzliche Tödtung des unehelichen Neugeborenen durch seine Mutter enthält sowohl die Merkmale des §. 217 als die des §. 212 (bezw. 211), die vorsätzliche Tödtung eines Einwilligenden sowohl die Merkmale des §. 216 wie die des §. 211 (bezw. 212), der in §. 243 behandelte Einbruchsdiebstahl zugleich die Merkmale des §. 303, der Familiendiebstahl (247) zugleich die Merkmale des gemeinen Diebstahls (242), der Todtschlag zugleich die Merkmale einer Körperverletzung etc. etc. Von einer Concurrenz von Delicten zu reden und z. B. im ersten Fall die Schuldige sowohl wegen Kindestödtung als (und zwar cumulative) wegen gemeinen Mords in Anklagestand versetzen zu wollen, wäre hier gleichwohl ganz ohne Sinn. Eine Concurrenz besteht hier lediglich für den Juristen bezüglich der von ihm zu lösenden technischen Aufgabe, eine Concurrenz von Paragraphen nämlich, welche sich ihm zur Auswahl präsentiren, von welchen aber stets nur einer berufen ist zur Anwendung zu gelangen. Und zwar ist dies nicht derjenige, welcher die strengste Bestrafung anordnet, wie dies bei der idealen Concurrenz von Delicten nach Vorschrift des §. 73 der Fall ist, sondern derjenige, welcher in Bezug auf die jeweils vorliegende Sache als der speziellste, jene nach ihren belastenden und entlastenden Momenten am Vollständigsten umfassende, erscheint.

Hiebei bestimmt sich die Grenze nach der Seite der (idealen und realen) Verbrechensconcurrenz nach dem folgenden Gesichtspunkte. Wenn bei Anwendung des speziellsten Gesetzes kein Schuldmoment unberücksichtigt bleibt, die That in allen ihren Bestandtheilen ihre strafrechtliche Würdigung erfährt, so dass kein Rest bleibt, welcher eine weitere Schuld repräsentirte, so ist von keiner Verbrechensconcurrenz zu reden.

In unserem Falle nun verhält es sich in der angegebenen Weise. Angenommen die Anklage hätte die Merkmale der §§. 348, 2, 350 und 133 in dem Verhalten des Angeklagten nachgewiesen, so würde bei Anwendung des §. 350 kein strafrechtlich relevanter Rest bleiben, speziell kein solcher, aus welchem sich die Voraussetzungen der §§. 348 und 133 entnehmen liessen. Wenn wir eine Unterschlagung zur Bestrafung ziehen, so treffen wir damit alle Bestandtheile der That, aus welchen sich das Verbrechen zusammensetzt, also nicht bloss die rechtswidrige Bereicherung des Thäters, sondern auch die rechtswidrige Schädigung des Eigenthümers, sowie die Handlung, durch welche Schädigung und Bereicherung vermittelt wird, sei dies nun im gegebenen Falle eine rechtswidrige Veräusserung, ein rechtswidriger Verbrauch oder (wie bei der vorliegenden Sache) eine rechtswidrige Beiseiteschaffung. Wenn diese Handlung nicht abgesehen von ihrer Bedeutung für die fragliche Schädigung und Bereicherung noch eine anderweitige Bedeutung hat, nicht etwa zugleich noch einen Angriff gegen anderweitige Rechtsgüter einzuleiten oder zur Ausführung zu bringen bestimmt ist, so hat sie ihre Berücksichtigung durch die Anwendung des Unterschlagungsbegriffes gefunden, und es bleibt kein Rest, aus welchem sich ein neues Delict construiren liesse, oder aus welchem auch nur irgend ein bei der Strafbemessung zu berücksichtigender Erschwerungsgrund sich entnehmen liesse. Würde das letztere geschehen, so würde sich dies logisch und juristisch nicht mehr rechtfertigen lassen, als wenn man es bei der Anwendung des §. 350 als einen Erschwerungsgrund behandeln wollte, dass das zur Beurtheilung vorliegende Delict zugleich die Merkmale des §. 246 habe. Wo dagegen eine wirkliche ideale Concurrenz vorliegt, da ist immer und nothwendig ein solcher bei der Strafbemessung zu berüchsichtigender Erschwerungsgrund gegeben.

III.

RECHTSGUTACHTEN

von

Prof. Dr. F. v. HOLTZENDORFF

in München.

I.

Von den drei Strafparagraphen, welche die Rathskammer des königl. Stadtgerichts zu Berlin auf die dem Angeklagten zur Last gelegte Handlung als anwendbar erachtete, hat sich das Strafurtheil vom 19. Dezember 1874 für den §. 133 entschieden.

Aus den Urtheilsgründen erhellt, dass dem Angeklagten als strafbarer Thatbestand zugerechnet wird:

> er habe zu Berlin im Mai 1874 13 amtliche Actenstücke, welche sich zur amtlichen Aufbewahrung an einem dazu bestimmten Orte befanden, vorsätzlich bei Seite geschafft.

Diese Construktion des Thatbestandes, abweichend von derjenigen der Anklage, leidet an erheblichen Gebrechen. Nach der Anklage wurde es als strafbar erachtet, die fraglichen Papiere aus dem Pariser Botschaftsarchiv bei Seite geschafft zu haben, so dass in der Fortnahme aus Paris die zu incriminirende Handlung enthalten sein würde.

Im Widerspruch dazu nimmt der Richter erster Instanz ganz richtig an, dass ein abberufener Gesandter bei seinem Weggange amtlich befugt ist, aus Zweckmässigkeitsgründen Actenstücke mit sich zu nehmen, um selbige daheim seiner vorgesetzten Amtsstelle zu überliefern, oder irgend welche Anträge anderer Art daran zu knüpfen. Es ist nicht nothwendig, dass ein abgehender Gesandter sämmtliche Schriftstücke in den Gesandtschaftsarchiven belässt, und zwar um so weniger, als schon bei einer Ueberfüllung des Archivs der Gesandte entbehrlich gewordene Acten zurücksenden könnte. An sich nämlich fehlt den Gesandtschaftsarchiven durchaus die feste örtliche Grundlage mit dem Zwecke der dauernden Aufbewahrung, welche beispielsweise den Registraturen der Gerichte, den Kirchenbüchern der Pfarreien, den Akten der Civilstandsbeamten, den Bewahrern der Hypothekenbücher und anderen Urkundsstätten durch die Natur des Geschäftsbetriebes angewiesen ist.

Jeder Gesandte kann auf dienstlichen Reisen, so lange er im Dienste ist, die auf seine Geschäftsverwaltung bezüglichen oder aus ihr herrührenden Papiere, vorbehaltlich seiner disciplinaren Verantwortlichkeit für den Fall einer Ordnungswidrigkeit, zum Gegenstande amtlicher Einwirkung machen, ohne durch örtliche Rücksichten der Aufbewahrungspflicht behindert zu sein. Nur disciplinarisch wäre es zu verantworten, wenn Gesandte aus dienstlichen Gründen bona fide, wenn schon in fehlerhafter Auslegung der in Betracht kommenden Verhältnisse, dienstlich anvertraute Correspondenzen oder andere Papiere zu vernichten für gut fänden.

Eine feste und dauernde örtliche Grundlage für die Archivalien des auswärtigen Staatsdienstes ist regelmässig nur in den Diensträumen der auswärtigen Ministerien oder in den betreffenden Abtheilungen der Staatsarchive gegeben.

Wenn nun der Angeklagte nach der Annahme des ersten Richters, welche sich auf die Aussage eines Sachverständigen stützt, wohl berechtigt war, die sog. kirchenpolitischen Actenstücke des I. Anklagepunktes in seiner Eigenschaft als Untergebener des Auswärtigen Amtes zur Auslieferung an dasselbe von Paris nach Berlin mitzunehmen, so kann nicht gesagt werden, dass die später hinzugekommene Weiterführung nach Karlsbad eine vorsätzliche Beiseiteschaffung darstelle in Beziehung auf Actenstücke, welche sich zur Aufbewahrung am dazu bestimmten Orte befanden, als die strafbare Handlung begangen wurde.

Bei der Fortführung von Paris vermittelst einer berechtigten Amtshandlung kam der Aufbewahrungsort als Hinderungsgrund der Mitnahme juristisch nicht in Betracht.

Als die angeblich strafbare Wegführung von Berlin unternommen wurde, war ein amtlicher Aufenthaltsort nicht constituirt. Im Sinne des Angeklagten sollte Berlin als passender Aufbewahrungsort der fraglichen Papiere vom Auswärtigen Amte genehmigt werden, die Beiseiteschaffung bezog sich in der Intention des Angeklagten nicht mehr auf Paris, sondern auf Berlin, wo sich, objectiv betrachtet, der Aufbewahrungsort nicht eher befinden konnte, als bis das Auswärtige Amt seine Genehmigung dazu ertheilt hatte.

Der Fehler in der Ausführung des I. Richters liegt also darin:

erstens auf der Wegstrecke von Paris nach Berlin die Mitnahme der Papiere als durch Amtsbefugnisse des Angeklagten gedeckt anzusehen, so dass damit der Effekt eintrat, den Aufbewahrungsort Paris ausser Wirksamkeit zu setzen und

zweitens auf der Wegstrecke von Berlin

nach Karlsbad die Beiseiteschaffung auf Paris zurückzubeziehen, ohne dass in der Zwischenzeit eine Verfügung des Auswärtigen Amtes erfolgt war, welche die fraglichen Papiere, entgegen der Amtshandlung des Angeklagten, nach Paris zurückverwiesen hätte.

Dass vor der Abreise nach Karlsbad ein selbständiger Vorsatz der Beiseiteschaffung im Angeklagten entstanden wäre, ist vom Richter erster Instanz weder deutlich gesagt, noch auch auf irgend eine Beweisgrundlage gestellt. Es gibt in den Verhandlungen keine Thatsache, aus welcher diese Schlussfolgerung mit irgend einer Sicherheit gezogen werden könnte. Im Gegentheil erscheint es völlig inconsequent, anzunehmen, dass bei der Mitnahme aus Paris eine wesentlich andere Richtung des Willens auf Seiten des Angeklagten vorhanden war, als bei seiner Abreise nach Karlsbad.

Wenn keine Thatsache dagegen spricht, dass der Angeklagte die kirchenpolitischen Papiere während seiner Anwesenheit in Berlin unausgepackt mit der sie enthaltenden Dienstmappe in seinem Koffer liess oder mindestens zu einer durchgreifenden Ordnung seiner Reiseeffekten nicht gelangt ist, so scheint die Mitnahme nach Karlsbad nicht sowohl unter dem Gesichtspunkt einer nunmehr in Berlin während der

Fahrt nach dem Anhalter Bahnhof beginnenden selbständigen und neuen Verbrechenshandlung der Beiseiteschaffung, als vielmehr in Gestalt der Fortsetzung einer älteren, Anfangs berechtigt gewesenen Handlung, in Beziehung auf welche der Angeklagte die Erfüllung der sie begleitenden Pflichten unterliess.

Die den Angeklagten von Paris bis Karlsbad begleitende Pflicht war die Zurückgabe der fraglichen Papiere an das Auswärtige Amt. Unterliess er diese aus Fahrlässigkeit oder aus Vergesslichkeit, ja selbst vorsätzlich, wofür keine Anzeichen sprechen, so war die Unterlassung der ihm obliegenden Pflicht der Rückerstattung keineswegs gleichbedeutend mit der positiven Handlung der Beiseiteschaffung.

Die Mitnahme nach Karlsbad hat somit an sich nicht mehr zu bedeuten, als wenn der Angeklagte die fragliche Dienstmappe während der Dauer der Badekur in seinem Absteigequartier, Pariser Platz Nr. 4 in Berlin zurückgelassen hätte und etwa erst bei seiner späteren Rückkehr aus Karlsbad an die Rückgabe von Amtswegen erinnert worden wäre. Keinenfalls würde der erste Richter in diesem Zurücklassen in Berlin nach dem Gange seiner Ausführungen ein Beiseiteschaffen gefunden haben.

Nimmt man an, dass die kirchenpolitischen Papiere nach Paris, objectiv betrachtet, zur amtlichen Verwahrung hingehörten, und dass das Auswärtige Amt die vom Angeklagten in dieser Hinsicht gehegten Zweifel nicht theilte, so ist es offenbar ganz unzulässig, zu sagen: dass im Falle der Abreise des Angeklagten nach Karlsbad die Zurücklassung dieser Papiere in seiner Berliner Privatwohnung keine Beiseiteschaffung, wohl aber die Unterbringung in einem Karlsbader Badequartier gegentheilig eine Beiseiteschaffung darstelle: denn daran kann füglich nicht gezweifelt werden, dass es für den rechtlichen Begriff des Beiseiteschaffens wohl auf den locus unde, niemals aber auf den locus ad quem ankommen kann.

Es ist juristisch gänzlich gleichgültig, wohin eine rechtswidrig entfremdete Sache geschafft wird. Mit Unrecht misst also Richter der Abreise nach Karlsbad eine selbständige Bedeutung bei in der Beurtheilung des Thatbestandes. Dass die fraglichen Papiere während der Reise gefährdet oder dem Verluste ausgesetzt waren, ist gleichfalls juristisch um so unerheblicher, als dasselbe auch der Fall war auf der Reise von Paris nach Berlin und als das Auswärtige Amt ferner solche „Reisechancen“ seinerseits zuliess, indem es amtliche Schriftstücke während der Abwesenheit des

Angeklagten ihm bei seinem Aufenthalte in Berlin insinuirte und damit also die Gefahr des Verlustes auf das Mass des höchst Unwahrscheinlichen taxirte. Viel eher wäre es begründet, zu sagen, dass die fraglichen Papiere, falls sie in Berlin ohne Aufsicht in der Privatwohnung des Angeklagten zurückblieben, in höherem Masse der Gefahr des Verlustes anheimgegeben gewesen wären, als in seiner nächsten persönlichen Umgebung zu Karlsbad.

Weswegen der Angeklagte nicht, ohne gemahnt zu werden, der unzweifelhaften Verpflichtung zur Zurücklieferung der Papiere genügte, ist eine Frage, die unerheblich bleibt, wenn man sich entschliesst, sein Verhalten im negativen Lichte der Unterlassung zu betrachten. Sicherlich ist „Vergesslichkeit" an sich betrachtet psychologisch nicht so unwahrscheinlich und unglaubhaft, wie der erste Richter annimmt. Zunächst hat nämlich der Angeklagte, wie in den Urtheilsgründen angenommen zu sein scheint, nicht Vergesslichkeit in Beziehung auf Gewahrsam und Dasein der Papiere behauptet, sondern nur Vergesslichkeit in Beziehung auf die Innehaltung der Ablieferungsfrist, gleichsam eine veränderte Rangordnung in der Wichtigkeit der seine Gedanken beschäftigenden Angelegenheiten. Als er von Paris wegging, schien ihm das Nichtverbleiben der kirchenpolitischen Papiere an dem bisherigen Aufbewahrungsorte als die wichtigere Angelegenheit, minder wichtig die Frage, wann sie etwa in Berlin abzuliefern sein möchten, zumal es sich nicht um schleunige und laufende, sondern bereits längst erledigte Incidentpunkte der Römischen Kirchenpolitik handelte. Diese minder wichtige Frage der Ablieferungsfrist trat aber noch mehr in den Hintergrund, als den Angeklagten unvorbereitet und plötzlich seine Dienstenthebung traf. Die damit verbundenen Umstände traten nun in alles überragender Bedeutung hervor und erschwerten überdies den Anfangs beabsichtigten Verkehr mit den leitenden Personen des Auswärtigen Amtes. Jedermann weiss, dass nicht selten im geschäftlichen Verkehr die Erfüllung mancher lästigen Obliegenheiten, die nicht gerade wie die Einlösung eines Wechsels oder die Zurückzahlung eines Darlehens an bestimmte Tage gebunden sind, so lange hinausgeschoben wird, als irgend zulässig, und es nicht gerade als schweres Unrecht gilt, sich an die Leistung mancher Obliegenheiten zuvor erinnern zu lassen. Der Angeklagte mag im völligen Widerspruch zu der wirklichen Bedeutung der Sache diess als minder wichtig angesehen und dazu unter dem Eindruck derjenigen Empfindungen gestanden haben, welche der erste Richter schildert. Wenn diese Empfindungen in ihrer ersten Stärke dahin wirkten, den persönlichen Verkehr des Angeklagten mit seinem ehemaligen Resorte zu erschweren, wenn dazu kam, dass im Vergleich zu den in der Zwischenzeit eingetretenen Ereignissen die Ablieferung jener kirchenpolitischen Papiere minder wichtig in den Augen des Angeklagten geworden war, so erklärt es sich leicht, dass dieser die Angelegenheit als eine eilige vor seiner Abreise nach Karlsbad nicht ansah und den ihm peinlichen Augenblick persönlicher Begegnung vermied, mit welchem sich in seinem Gedankenkreise ursprünglich die Art der Zurücklieferung combinirt haben mochte.

Der Akt der Mitnahme nach Karlsbad, der nach Ansicht des ersten Richters aus der Neigung zur Opposition gegen seinen ehemaligen Vorgesetzten kam, kann vermöge seiner Eigenschaft als unterlassene Zurücklieferung oder auch als unbefugtes Zurückbehalten nicht für gleichbedeutend genommen werden mit einem Beiseiteschaffen im Sinne des Gesetzes.

II.

Rechtsgeschichtlich betrachtet, würde der Begriff der Beiseiteschaffung an die res amotae und das amovere des Römischen Rechtes erinnern. Im Uebrigen ist er durchaus modern und nicht einmal genau in demjenigen Artikel des Code pénal vorhanden, welcher in der gegenwärtigen Processsache öfters citirt worden ist. Art. 173, mit welchem sich der Thatbestand des §. 133 durchaus so wenig deckt, dass eine Bestrafung aus diesem Paragraphen ausgeschlossen bliebe, wenn man annähme, dass das Delikt nicht in Berlin, sondern in Paris verübt worden wäre, spricht in Beziehung auf amtlich anvertraute actes et titres von vier verschiedenen Begehungsweisen:

1. détruire = vernichten,
2. supprimer = unterdrücken,
3. soustraire = wegnehmen (welches auch das entscheidende Wort in der französischen Definition des Diebstahls ist[1]),
4. détourner = unterschlagen[2]) oder veruntreuen.

---

[1]) S. Art. 379. Quiconque a soustrait frauduleusement une chose qui ne lui appartient pas, est coupable de vol.

[2]) S. Art. 408, welcher dem deutschen Vergehen der Unterschlagung am nächsten kommt.

Der Begriff der Beiseiteschaffung wird im Wege der Vergleichung festzustellen sein und zwar in der Weise, dass die verschiedenen Paragraphen, in denen er sich vorfindet, und ausserdem die neben ihm in denselben Paragraphen genannten anderweitigen oder concurrirenden Thatbestandsbegriffe untersucht werden.

Der Begriff der Beseitigung und Beiseiteschaffung stützt sich auf §. 133, 348, 2, 281, 1, 288. Beiseiteschaffung wird neben anderen Thatbestandsformen dieser Delikte genannt.

Daraus ergibt sich:

Beiseiteschaffung ist nicht identisch mit „Vernichtung" und „Zerstörung" von Sachen, insofern als die Anklage in solchen Fällen das Nichtvorhandensein existent gewesener Sache immer zu beweisen hätte. Die Vernichtung kann ohne vorangangene Beseitigung an Ort und Stelle geschehen, andererseits kann die Beseitigung gleichzeitig als Versuch einer beabsichtigten Zerstörung in Betracht kommen.

Beiseiteschaffung ist nicht identisch mit Verheimlichung (§. 281, 1), insofern Sachen verheimlicht werden können, die an ihrem Orte belassen werden, etwa in der Art, dass der Zugang zu einem solchen Aufbewahrungsorte verborgen wird.

Beiseiteschaffung ist nicht identisch mit dem Acte der Wegnahme, welcher theils in der Absicht rechtswidriger Zueignung begangen werden kann, theils ohne eine derartige Absicht (s. §. 135. 168). Einfache Wegnahme ohne Absicht der Zueignung ist offenbar weniger beeinträchtigend für gewisse Rechte als Beiseiteschaffung.

Für die Anwendbarkeit des §. 135 genügt es, wenn ein Hoheitszeichen von dem Orte weggenommen wird, an welchem es sich befinden soll; selbst wenn dasselbe etwa in der Nähe niedergelegt sein sollte.

Beiseiteschaffung erscheint auch nicht völlig identisch, wenn schon nahe verwandt mit dem Begriff des Unterdrückens (§. 169 Unterdrückung des Personenstandes, §. 263 betrügerische Unterdrückung von Thatsachen, §. 274 Unterdrückung von Urkunden, §. 355 Unterdrückung von Depeschen), insofern als nach der gesetzgeberischen Intention damit regelmässig der Erfolg oder doch die Gefahr einer Täuschung Anderer verbunden ist, Unterdrücken also die Merkmale der Irrthumserregung in sich schliessen würde.

John nimmt „Beiseiteschaffen“ und „Unterdrücken“ als gleichbedeutend, denn er sagt (Handbuch des Strafrechts III. p. 185) „zwar sind es verschiedene Worte, aber der Sinn ist der gleiche.“ Wenn man die dem Angeklagten zur Last gelegte Handlungsweise an dem Sinne misst, der sich aus der Aneinanderreihung der §§. 169, 263, 274 und 355 ergiebt, so wird man sicherlich dahin gelangen, dass ihm ein diesen Thatbeständen analoges Thun mit der Richtung auf Täuschung seiner Vorgesetzten nicht vorgeworfen werden könne.

Ebenso liegt es auf der Hand, dass Beiseiteschaffung nicht zusammenfällt mit Beschädigung, wenn schon beides an einer und derselben Sache gleichzeitig etwa in der Art vorkommen kann, dass eine beschädigte Sache, um die Entdeckung des Schadens zu verhindern, auch noch ausserdem beseitigt wird. Eben desswegen dürfte es darauf ankommen, genau zu ermitteln, in welchen Fällen Beiseiteschaffung nur einen unselbständigen Incidentpunkt in einem anderweitigen Thatbestande (z. B. vor oder nach geschehener Beschädigung, Aneignung, Zerstörung, Vernichtung fremder Sachen) darstellt und in welchen anderen Fällen Beiseiteschaffung, welche immer Vorsätzlichkeit zur Bedingung ihres Daseins hat, eine selbständige und eigenthümliche Form des Thatbestandes bezeichnet. Hält man an dieser Unterscheidung fest, so ergiebt sich auch, dass die Handlung der Beiseiteschaffung nicht als eigenartiges Delikt in Betracht kommen kann, wenn sie entweder einen vorbereitenden Akt oder aber den Enderfolg der diebischen Wegnahme oder der Unterschlagung darstellt. Der Dieb, welcher sich mit Entdeckung bedroht sieht, kann sich der weggenommenen Sache hinterher durch Beiseiteschaffung entledigen.

Losgelöst von diesen im Gesetz neben der Beiseiteschaffung genannten Thatbeständen der Zerstörung, Beschädigung, Vernichtung, Verheimlichung, Unterdrückung oder Aneignung, bedeutet Beiseiteschaffung von Gegenständen: der Absicht nach dauernde Entfernung einer Sache von ihrem Aufbewahrungsorte mit dem Erfolge der Gebrauchsverhinderung in Hinsicht des zum Gebrauche Berechtigten.

Wenn man die Absicht der Zerstörung, Vernichtung, Täuschung (bei der Unterdrückung), Verheimlichung, Aneignung ausgeschlossen hat, so bleibt praktisch für den Vorsatz der Beseitigung gegenständlich keine andere Richtung übrig, als diejenige der widerrechtlichen und dauernden Gebrauchsverhinderung.

Freilich ist es nicht nothwendig, dass der Ort, an welchem eine Sache rechtswidrig hingeschafft worden ist, für immer dem Berechtigten völlig unbekannt bleibe. Die Beiseiteschaffung kann so geschehen, dass der Gebrauchsberechtigte ausser Stande gesetzt werden soll, die beseitigten Gegenstände aufzufinden oder von dem etwa durch ihn ermittelten Versteck zurückzuerlangen. Demgemäss kann die Beiseiteschaffung mit Verheimlichung verbunden sein, was regelmässig der Fall ist, es kann aber auch die Sache eingestandenermassen an einen nahmhaft gemachten, dem Berechtigten unzugänglichen Ort gebracht worden sein.

Jeder selbständige Akt der Beiseiteschaffung setzt also zweierlei voraus:

eine örtliche Einwirkung auf Sachen, bestehend in deren Entfernung von der ihnen angewiesenen Lager- oder Aufbewahrungsstelle und sodann die innere Beziehung dieser Handlung auf Gebrauchsrechte anderer Personen, ausser dem bei Seite schaffenden Subjecte.

Dass der criminelle Character der Beiseiteschaffung dauernde, wenigstens nicht momentane Gebrauchsverhinderung ist, zeigt die Vergleichung derjenigen Gesetzesstellen, bei denen Beiseiteschaffung in Betracht kommt. Im §. 133 handelt es sich um vorsätzliche Verhinderung des amtlichen Gebrauchs gewisser Gegenstände, die nach ihrer Bestimmung für den amtlichen Gebrauch durch besonders kenntlich gemachte Merkmale charakterisirt sind.

Im §. 348, 2 handelt es sich um die Verhinderung in der Wahrnehmung von Beweisinteressen durch gewisse Urkunden, wie dies der Anschluss des zweiten Absatzes an die Fälschungsakte des ersten Absatzes darthut.

Das logisch verbindende Glied zwischen dem ersten und zweiten Absatz des §. 348 liegt durchaus in der Vereitelung des Urkundenbeweises a) durch Fälschung resp. unrichtige Eintragung in Urkunden (im Absatz 1) und b) durch amtlich verübte Vernichtung, Beiseiteschaffung, Beschädigung und Verfälschung (letzteres nämlich durch den nicht instrumentirenden Beamten). Die beiden Paragraphen 133 und 348, 2 stehen somit gleichsam im umgekehrten Verhältniss, insofern im ersteren als in die öffentliche Amtsordnung eingreifend eine ausseramtlich agirende Person, im §. 348, 2 dagegen eine in die allgemeinen Interessen des Urkundenbeweises (sowohl die öffentliche als die Privatrechtsordnung) störend und verhindernd eingreifende Amtsperson als Subject verlangt wird.

Ingleichen ergiebt neben den eben genannten Gesetzesstellen die Auslegung des §. 281, 1, dass die hier ausdrücklich erwähnte Absicht die Gläubiger zu benachtheiligen in dem Akte der Verheimlichung und Beiseiteschaffung dadurch verwirklicht werden würde, dass der wirthschaftliche Gebrauch der den Gläubigern haftenden Sache unthunlich gemacht wird.

Endlich handelt es sich im §. 288 um Vereitelung eines berechtigten Verkaufsrechts durch Beiseiteschaffung, wobei der Vernichtung nicht besonders gedacht wird, obgleich es sehr wohl möglich wäre, dass der Schuldner seine eigene Sache lediglich aus Hass gegen den daraus zu befriedigenden Gläubiger Angesichts der Execution gleichsam unter den Augen des Beamten vernichtete.

Dieses Bewusstsein oder der Wille, durch Beiseiteschaffung gewisser Gegenstände Gebrauchsrechte Anderer dauernd (wenigstens in Beziehung auf einen einzelnen Punkt) zu vereiteln, ist in den Gesetzesstellen als nothwendig hervorgehoben, wo es sich um dauernde vermögensrechtliche Beeinträchtigung von Privatpersonen handelt (§. 281, 1; 288). Es muss aber dasselbe Bewusstsein auch in Beziehung auf die Störung anderer Rechtsverhältnisse als subjective Grundlage der Verbrechenshandlung in Fällen der Beiseiteschaffung angenommen wurden, also das Bewusstsein

a. dauernder Vereitelung des Gebrauchs zum

Zwecke des Urkundenbeweises im §. 348, 2. und

b. dauernder Beeinträchtigung des Gebrauchs der in amtlicher Aufbewahrung befindlichen Schriftstücke (§. 133).

Unter den Rechtslehrern ist John (Handbuch des Strafrechts III, 184 und in seinen „Kritiken“ S. 130). der Ansicht, dass auf „dauernde“ Beiseiteschaffung nicht zu rücksichtigen sei. Mit ihm stimmt Schwarze in seinem Commentar zu Art. 133 überein. Zweierlei ist hiebei indessen zu beachten. Zur Vollendung des Delikts der Beiseiteschaffung ist ein dauerndes Abhandenbleiben von Schriftstücken und Urkunden freilich nicht erforderlich; wohl aber muss der Vorsatz des Thäters sich auf das Bewusstsein einer dauernden Gebrauchsbeeinträchtigung stützen.

Die vorsätzliche Entfremdung einer Sache zum vorübergehenden eigenen Gebrauch, beruhend auf örtlicher Wegnahme, erfüllt den Thatbestand der Beiseiteschaffung ebenso wenig, wie Zurückbehalten einer Sache, in Beziehung auf welche Ablieferungspflicht besteht.

Es ist leicht möglich, mit dem Erforderniss der Absicht dauernder Gebrauchsverhinderung durch Beiseiteschaffung einen falschen Begriff zu verbinden. Wer in einer gegen ihn schwebenden Processsache eine Urkunde bei Seite schafft, um sie der Benützung durch seine Processgegner bis zur rechtskräftig entschiedenen Sache zu entziehen, fällt unter die Bestimmungen des §. 348 2 oder 133 je nach den Umständen auch dann, wenn er nach dem Ende des Processes die fragliche Urkunde zurückzuliefern beabsichtigte; denn mit dem Eintritt rechtskräftiger Entscheidung ist die beseitigt gewesene Urkunde in Beziehung auf das dadurch zu erweisende Rechtsverhältniss dauernd entwerthet, obwohl sie in anderen Rechtsstreitigkeiten von Neuem benützt werden könnte.

Auf der andern Seite wäre keine Beiseiteschaffung im Sinne des Gesetzes gegeben, wenn ein Beamter (§. 348, 2) oder ein Dritter eine Urkunde in unbefugter Weise zu dem Zwecke, in den Inhalt Einsicht zu gewinnen oder einem Andern davon Abschrift nehmen zu lassen, von dem Aufbewahrungsorte entfernt, alsdann bei einer unvermuthet vorgenommenen Revision das Fehlen des Schriftstückes bemerkt und dieses dann nach kürzerem Zeitablauf freiwillig an seinen Ort restituirt wird. Man wird niemals anerkennen können, dass ein Beamter, der in disciplinarer Hinsicht unbefugt, obschon zum Zwecke erlaubter Information, ordnungswidrig Urkunden aus dem

Amtslocal in seine Behausung mitnimmt, eine Beiseiteschaffung begangen habe, wenn etwa der Vorgesetzte in der Zwischenzeit das fragliche Urkundenmaterial an dem bestimmten Aufbewahrungsorte vergeblich suchte und benützen wollte.

Auf den Angeklagten angewendet, lautet also die Frage: ob er in Beziehung auf die Papiere zu Punkt I der Anklage sich bewusst gewesen sei, die Handhabung der öffentlichen Ordnung (§. 133) in Paris dauernd zu beeinträchtigen, wenn diese Papiere nicht unmittelbar bei seiner Ankunft in Berlin, sondern erst später auf Erinnern von ihm zurückgegeben wurden?

Wenn die persönlichen Angelegenheiten des Angeklagten eine andere Wendung genommen hätten und dieser, anstatt zur Disposition gestellt zu werden, auf den Botschafterposten nach Constantinopel gehend, die fraglichen Papiere abzuliefern versäumt und aus Unachtsamkeit mit an den Bosporus genommen hätte, und selbige schliesslich auf Erinnern zurückgegeben worden wären, so erscheint eine Criminal-Untersuchung unter solchen Umständen nahezu undenkbar.

Irgend ein Interesse, die amtliche Benützung dieser Papiere zu verhindern, war bei dem Angeklagten ebenso wenig denkbar, wie etwa im Falle des

Gelingens ein praktischer Erfolg. Selbst wenn man die dem Angeklagten ungünstigste Annahme zulässt, die übrigens theils unerwiesen, theils widerlegt ist, dass er sich der Papiere ad I der Anklage, von denen er während seiner Amtsführung sogar beglaubigte Abschrift nehmen konnte, zu publicistischen Zwecken bedienen wollte, handelte es sich immer nur um einen unbefugten und vorübergehenden Gebrauch, nicht aber um dauernde Gebrauchsverhinderung der competenden Amtsstelle. Die fraglichen Schriftstücke, die durch eine formal rechtmässige Amtshandlung nach Berlin gebracht worden waren, konnten der Berliner Amtsstelle mit dem Erfolge der Gebrauchsverhinderung überhaupt schon aus dem Grunde nicht entfremdet werden, weil sie im Berliner Archiv ebenfalls in natura vorhanden waren. Gerade die Annahme, dass die kirchenpolitischen Papiere ad I der Anklage in Paris nicht brauchbar seien und von dem Amtsnachfolger des Angeklagten nicht gebraucht werden würden, ist der vom Angeklagten angegebene Grund der Mitnahme, gegen welchen keine Gegenanzeigen erwiesen sind. Deswegen kann auch der absonderliche dolus der Gebrauchsverhinderung in Beziehung auf das Auswärtige Amt nicht auf der Fahrt nach dem Anhalter Bahnhof in Berlin entstanden sein. Diese Annahme wäre ein innerer Widerspruch gegen die bereits vom Richter zugelassene Auslegung der den Angeklagten bestimmenden Willensrichtung.

Wenn daher Oppenhoff in seinem Commentar zu §. 133 des Reichsstrafgesetzbuches bezeugt, dass das Obertribunal unter Beiseiteschaffung die vorsätzliche rechtswidrige Entfernung einer Sache aus der zeitweiligen Verwahrung bedeute und zwar, um sie dieser dauernd (wenn auch nicht für immer) zu entziehen, so muss diese Auslegung meines Erachtens als durchaus zutreffend anerkannt werden. Ist dieses zuzugeben, so kann beim Wegfall einer Beiseiteschaffung weder §. 133 noch § 348, 2 angewendet werden.

III.

Obschon dem ersten Richter darin beigestimmt werden kann, dass auch ein Beamter als Subjekt des im §. 133 vorgeführten Thatbestandes gesetzt werden könne, so ist dies dennoch dahin einzuschränken, dass alsdann nothwendigerweise dieser Beamte einem einer eigenen Verfügung nicht unterliegenden Aufbewahrungsorte Sachen entfremdet haben muss oder einem anderen Beamten, oder einem Dritten, welchem Sachen zur amtlichen Aufbewahrung übergeben wurden. Dagegen kann §. 133 nicht bezogen werden auf einen Beamten, der es unterlässt, die zu s e i n e m auschliesslichen Gebrauch bestimmten, als „persönlich" bezeichneten Schriftstücke an eine amtlich bezeichnete Aufbewahrungsstelle bei Abgang aus dem Amte abzuliefern. Der ganzen Richtung des §. 133 im Vergleich zu §. 348, 2 widerspricht dies so augenfällig, dass die Anklagebehörde mit Recht die Anwendbarkeit des §. 133 ihrerseits ausser Acht gelassen hat.

Der erste Absatz des §. 133 enthält zwei aneinander gereihte Fälle, von denen der letztere (in den Worten „welche einem Beamten oder einem Dritten amtlich übergeben worden sind — vorsätzlich vernichtet" u. s. w.) auf das klarste erkennen lässt, dass ein Beamter zwar einem andern Beamten oder einer Privatperson gegenüber, nicht aber gegen die in seinem eigenen amtlichen Gewahrsam befindlichen Acten das in Rede stehende Delikt verüben kann. Regelmässig ist also hierbei ein Nichtbeamter vorausgesetzt; es wäre auch gänzlich falsch in dem Angriffe auf die dem Beamten anvertrauten Papiere von Seiten desselben Beamten ein Vergehen gegen die öffentliche Ordnung erblicken zu wollen; entscheidend wäre vielmehr auf der gegenständlichen Seite die Amtspflicht, welche für den §. 348, 2 in Betracht kommt.

Aehnlich wie mit dem zweiten Falle des §. 133 Abs. 1 verhält es sich aber auch mit dem ersten, in welchem eine Sache (Urkunden, Register u. s. w.) genannt wird, die sich zur amtlichen Aufbewahrung an einem dazu bestimmten Orte befindet, von welchem sie alsdann bei Seite geschafft werden muss. Hierbei ist nicht daran zu denken, dass ein Gesandtschaftsarchiv als eine der öffentlichen Ordnung dienende Anstalt eine örtliche Selbstständigkeit gegenüber der Person des Gesandten hätte. Der als Archiv bezeichnete Schrank befand sich in dem Privatarbeitzimmer des Angeklagten, als eine seiner ausschliesslichen Verfügung in dienstlicher Hinsicht unterliegende Verschlusseinrichtung. Eine Verpflichtung amtliche Schriftstücke nach ihrem Eingange in diesen Schrank zur amtlichen Aufbewahrung sofort hineinzulegen bestand nicht; der Gesandte durfte die fraglichen Papiere ebenso gut unmittelbar in seinen Händen behalten oder in andern ihm zweckdienlich erscheinenden Behältnissen aufbewahren. Es besteht bis jetzt keine Archivordnung, welche vorschriebe, wann im deutschen Reichsdienste Actenstücke in dem Archivschrank zu hinterlegen oder von welchem Augenblicke an der Gesandte etwa strafrechtlich gehindert wäre, amtliche Schriftstücke seinerseits mit auf Reisen zu nehmen. Um den Punkt für die strafrechtliche Verantwortlichkeit eines Gesandten zu finden, wäre es nothwendig zu erfahren, wann seine völlige Verfügungsfreiheit in Beziehung auf die lediglich seiner persönlichen Einsicht unterliegenden Papiere aufhörte und die widerrechtliche Entfernung beginnt. Nur das eine lässt sich in Ermangelung einer gesandtschaftlichen Archivordnung als allgemeine und selbstverständliche Praxis des diplomatischen Dienstes behaupten, dass ein Gesandter bei seiner Abberufung verpflichtet ist, diejenigen Amtsstücke, Acten u. s. w. zu übergeben, von denen er weiss und glaubt, dass sie ihrer objectiven Beschaffenheit nach, nicht für ihn persönlich, sondern vielmehr für die Gesandtschaft als solche ohne Rücksicht auf den jeweiligen Inhaber der Stelle bestimmt sind und ausserdem bei ihrer Zurücklassung keine dienstlichen Nachtheile veranlassen können. Dies ist um so wichtiger, als im diplomatischen Dienste sehr wohl Fälle gedacht werden können, in denen es zweckdienlich ist, dem Amtsnachfolger die sachlich vollständig erledigten Instruktionen seines Amtsvorgängers vorzuenthalten. Den Grad des diplomatischen Geheimnisses zu bestimmen, ist zunächst Sache des leitenden Ministers, hinterher aber auch eine Aufgabe des dem Gesandten selbst innewohnenden pflichtmässigen Ermessens.

Der Aufbewahrungsort hat somit dem Gesandten gegenüber nicht die Bedeutung eines in localer Hinsicht etwa unantastbaren Depositorii, aus welchem Schriftstücke unter keinen Umständen entfernt werden dürften. Die diplomatische Praxis kennt daher auch bei dem Wechsel in der Inhaberschaft der Mission, beziehungsweise bei der Abberufung des Gesandtschaftschefs Uebergabeverhandlungen, welche den Zweck haben, den scheidenden Gesandten von der Verantwortlichkeit für die von ihm verwalteten Papiere zu entlasten, nicht aber ihn in Beziehung auf seine Verfügung in dienstlicher Hinsicht und in Betreff des zweckmässigsten Aufbewahrungsortes zu beschränken.

Dritten Personen gegenüber bestand also ein bestimmter Aufbewahrungsort für die gesandtschaftliche Correspondenz vor der Abberufung des Grafen Arnim überhaupt nicht; die Archiveinrichtung war ein Internum zwischen dem Angeklagten und dem Auswärtigen Amt. Wäre etwa im Verlauf seiner Amtsführung eine Archivrevision vom Reichskanzler angeordnet worden, so würde den Angeklagten nicht einmal eine disciplinäre Verantwortlichkeit getroffen haben, wenn er für gut befunden hätte, Actenstücke an anderen ebenfalls hinreichend sicheren Orten aufzubewahren.

Das Ergebniss der vorangegangenen Ausführung besteht also darin, dass auf den in der Anklage behaupteten Thatbestand §. 133 nicht angewendet werden kann, weil:

1. die subjectiven Merkmale des Beiseiteschaffens fehlen,
2. ein im Sinne des Gesetzes bestimmter amtlicher Aufbewahrungsort in dem Vorhandensein eines in der Privatwohnung des Angeklagten befindlichen, lediglich aus Zweckmässigkeitsgründen nach seinem Ermessen zu benützenden Archivschrankes nicht anerkannt werden kann und
3. auch einem amtlichen Aufbewahrungsorte gegenüber derjenige Beamte nicht Subjekt des Deliktes sein kann, welcher in Beziehung auf die Art der Aufbewahrung nicht strikte Dienstvorschriften empfangen hat.

Was dem Angeklagten zur Last gelegt werden kann, besteht also lediglich darin, dass er es unterliess, rechtzeitig die ihm als streng persönlich anvertrauten Papiere *irgendwo*, sei es in Paris bei seiner Abreise, sei es in Berlin nach seiner Zurdispositionsstellung zurückgeliefert zu haben, sondern in dieser Hinsicht dilatorisch verfuhr.

Auffallend bleibt in dem Gange der Untersuchung sicherlich der Umstand, dass der Angeklagte wegen seines Verhaltens zu denjenigen Papieren bestraft wurde, welche das Auswärtige Amt zuerst zurückgenommen hatte. Es scheint nach dem Verlaufe der zwischen dem Auswärtigen Amte und dem Angeklagten geführten Correspondenz, dass eine Untersuchung wegen der kirchenpolitischen Correspondenz nicht beantragt worden wäre, wenn dieselbe nicht lediglich als ein unterstützendes Moment benützt wäre zur nachdrücklichen Verfolgung desjenigen Thatbestandes, auf den sich Punkt II der Anklage bezieht. Wegen der verweigerten Rückgabe der sog. disciplinarischen Papiere wurde der Angeklagte zuerst mit der Anwendung des Strafgesetzbuches bedroht, ohne ihn gleichzeitig darauf aufmerksam zu machen, dass er wegen verspäteter Zurücklieferung der kirchenpolitischen Papiere sich bereits im Widerspruche zum Strafgesetzbuch befunden hätte. Es lässt dies erkennen, dass in Beziehung auf die technisch dienstliche Stellung des Angeklagten das Auswärtige Amt keine andre Auffassung gehabt hat, als der erste Richter und dass dieser in ganz eigenthümlicher Weise abweichend vom Auswärtigen Amte den Thatbestand der Beiseiteschaffung bezüglich der Abreise von Berlin nach Karlsbad künstlich geschaffen hat.

IV.

Die Anwendbarkeit des §. 350 ist ausgeschlossen, weil es sich danach um eine strafbare, in amtlicher Hinsicht begangene, Vermögensverletzung handeln würde. Wenn man nach der alten Sprachweise des gemeinen Rechts und seiner Doctrin das Vergehen des §. 348 bezeichnen könnte als eine amtlich begangene Verletzung der publica fides, so ist §. 350 anzusehen als amtlich begangene, durch Unterschlagung bewirkte, Beschädigung fremden Vermögens. Die ausdrückliche Erwähnung der Gelder neben den „Sachen“ und anderseits die ausdrückliche Bezeichnung des Thatbestandes als eine Unterschlagung lässt dies als zweifellos erscheinen. Der im §. 350 anzunehmende dolus ist daher durchaus identisch mit dem §. 246 näher bezeichneten dolus desjenigen, der eine gewöhnliche Unterschlaguug begeht.

Der erste Richter hat in den Entscheidungsgründen bemerkt, dass die Vertheidigung sich erfolglos bemüht habe, die Sachqualität der zur Anklage gestellten Acten und Schriften zu bestreiten.

Darnach scheint es, als ob der Richter die Vertheidigung missverstanden hat.[1]) Denn dass Papiere und Schriftstücke eine „Sache“ im Allgemeinen sind, lässt sich in der That überhaupt von Niemanden bezweifeln. Bestritten ist nur, dass die von Paris weggeführten Actenstücke, soweit das Verhalten des Angeklagten in Beziehung auf sie juristisch zu charakterisiren ist, nach der vermögensrechtlichen Seite in Betracht kommen, die Stellung der Reichsregierung und des Angeklagten im vorliegenden Criminalfall vielmehr lediglich nach der verwaltungsrechtlichen Seite der Amtsbefugnisse zu würdigen sei. Und dieser Ansicht ist inzwischen einer der angesehensten Publicisten, Bluntschli, beigetreten [2]).

[1]) Soweit meine eigene Person in Betracht kommt, verweise ich auf die Ausführungen S. 31 ff. meiner die Vertheidigung authentisch wiedergebende Schrift „Für den Grafen Harry von Arnim (Berlin 1875, Pfeiffersche Buchhandlung)“. Nicht die Sachqualität ist darnach den diplomatischen Correspondenzen abgesprochen worden, sondern die Anwendbarkeit des Privateigenthumsbegriffes (im Sinne des Reichsfiscus).

[2]) Bluntschli, der die Bestrafung des Angeklagten als eine politische Interessenfrage und als Postulat der öffentlichen Meinung ansicht, sagt:

„Ohne Zweifel ist das Recht des Staates an dem Gesandtschaftsarchiv und den diplomatischen Correspondenzen-

Jeder, welcher einen Act der Unterschlagung begeht, hat nothwendiger Weise das Bewusstsein und den Willen, fremdes Vermögen zu beschädigen, auch wenn ihm die Gewinnsucht fehlen sollte; eben diese Absicht, das deutsche Reichsvermögen zu beschädigen, kann dem Angeklagten nach seiner Stellung ebenso wenig beigemessen werden, wie ein Act der rechtswidrigen Zueignung.

Freilich ist es nicht nothwendig, dass die im §. 350 generell bezeichneten Sachen einen bestimmten Geldwerth haben. Dass dieses Erforderniss nicht bestehe, hat die Anklageschrift ausdrücklich hervorgehoben und damit ihre Meinung kundgegeben, dass den fraglichen Papieren ein Geldwerth nicht zukomme.

Schwerlich wird irgend jemand bezweifeln, dass nach dem Reichsstrafgesetzbuch Sachen unterschlagen werden können, welche unverkäuflich sind, oder für den Eigenthümer nur einen Affectionswerth haben. Immer aber bleibt es nothwendig, dass die unterschlagene Sache als fremder Vermögensbestandtheil vom Thäter angegriffen werden soll. Wie

---

zen etwas anderes als das Eigenthum oder der Besitz an beweglichen Sachen, z. B. einer Uhr oder einem Buch; denn jene Gesandtschaftspapiere haben nicht als körperliche Sachen einen Werth." — (S. Gegenwart vom 2. Jan. 1875.)

wenig vom Standpunkt des Angeklagten diese Eigenschaft als fremdes Vermögensobjekt ins Auge gefasst war, zeigt sich am besten dann, wenn man zu seinem Nachtheil, aber der vollen Wahrheit gemäss, annimmt, dass die fraglichen Objekte, d. h. sämmtliche Schriftstücke ad punctum I bis III der Anklage zusammengenommen, in der That einen geringen Geldwerth haben mussten.

Zunächst ist es nicht in Abrede zu stellen, dass diese Papiere, als Makulatur genommen, einen kleinen Geldwerth, beispielsweise von einer Reichsmark hatten; nächstdem ist aber völlig gewiss, dass die Dienstmappe, in welcher sich die kirchenpolitischen Papiere befanden, als der Angeklagte nach Karlsbad reiste, einen etwas grösseren Geldwerth darstellt. Man müsste also, wenn man die Anklage auf Unterschlagung stellen will, den wirklichen Verhältnissen entsprechend, die Behauptung aufstellen, der Angeklagte habe durch rechtswidrige Zueignung jener Papiere und einer Dienstmappe gewusst und gewollt, dass er das deutsche Reichsvermögen um einige Mark beschädigte, ferner dass er in rechtmässiger Weise die in der Anklage nicht weiter berührte Dienstmappe mit auf Reisen genommen habe, um sich späterhin ohne diese Mappe die darin befindlichen Papiere rechtswidrig zuzueignen. Nimmt die

Anklage an, dass der Angeklagte die Dienstmappe zurückgegeben haben würde und keine Absicht rechtswidriger Zueignung auf diese gerichtet war, so zeigt sich, dass aus der blossen Mitnahme der Mappe nach Karlsbad sich kein Schluss in Beziehung auf die darin befindlichen Papiere ziehen lässt.

Wenn man dem Angeklagten nach seiner ganzen Vergangenheit und seiner Stellung nicht zutrauen darf, dass er eine Unterschlagung an Werthobjekten im Betrage von einigen Reichsmark verübe, so ist auch die Annahme nicht statthaft, dass er die fraglichen Papiere als Repräsentanten und Bestandtheil eines fremden Vermögens betrachtete.

Ueber die Anwendbarkeit des §. 348, 2 mich in diesem Gutachten besonders auszusprechen, habe ich keine Veranlassung, da der erste Richter die in meiner Vertheidigungsrede über den Urkundenbegriff gegebenen Ausführungen in der Hauptsache gebilligt hat.

München im März 1875.

DR. FRANZ V. HOLTZENDORFF.

IV.

CONSULTATION

des

Mr. G. ROLIN-JAEQUEMYNS,

Dr. en droit et en sciences politiques et administratives,
Sécrétaire-général de l'Institut de droit international,
Rédacteur-en-chef de la Revue et des Archives de droit international et de législation comparée, à Gand.

La conviction que m'a laissée une lecture attentive du jugement rendu par le tribunal de Berlin dans l'affaire du comte d'Arnim est, comme je l'ai spontanément écrit à un des défenseurs, que, si l'instruction du procès a constaté chez l'inculpé une grande négligence, pouvant motiver une poursuite disciplinaire, elle n'a pas constaté la réunion des éléments de fait requis pour motiver une poursuite pénale.

Invité à indiquer avec quelque détail les motifs sur lesquels je fonde cette conviction, j'exposerai mes idées dans l'ordre suivant :

I. La fiction de l'exterritorialité n'est applicable à l'hôtel des agents diplomatiques, que dans la limite nécessaire pour les protéger dans l'accomplissement de leur mission vis-à-vis du gouvernement auprès duquel ils sont accrédités. Dès-lors, et en l'absense d'une loi positive contraire, les crimes et délits que l'ambassadeur allemand commet dans le lieu où il exerce ses fonctions doivent être, aux yeux de son gouvernement, considérés comme commis en pays étranger, et le § 4, n. 3 du Code pénal allemand est applicable;

II. en supposant, ce que je ne crois pas, que les faits reprochés au comte d'Arnim par le ministère public soient punissables d'après la loi pénale allemande, ils ne le sont pas d'après la loi pénale française actuellement en vigueur, et par conséquent, en vertu du § 4, n. 3 précité, ils ne peuvent être poursuivis en Allemagne, en tant qu'ils ont été commis, comme le portait l'accusation, à l'hôtel de l'ambassade allemande, à Paris;

III. le point de vue du tribunal de Berlin, d'après lequel le prévenu aurait commis à Berlin même, en mai 1874, l'infraction prévue par le § 133 du Code pénal allemand ne semble pas justifié par l'application des principes du droit pénal aux faits de la cause.

I.

Que le privilége de l'exterritorialité repose sur une fiction juridique, appuyée par l'usage, et que cette fiction ait, comme l'inviolabilité personnelle, pour motif et pour fondement la nécessité de mettre les ministres à même de remplir leur mission, en les rendant entièrement indépendants de l'autorité locale, c'est là une proposition sur laquelle tous les auteurs sont d'accord. „*Omnia legatorum privilegia,*" dit Bynkershoek, de F. L., ch. XXI, „*non alio fine comparata sunt, quam ut tuto, sine remora, sine impedimento officio suo fungantur.*" Il en résulte, d'après le principe: *fictio non ultra casum fictum extenditur,* que la fiction en question doit être entendue *pro subjecta materia,* que son interprétation est, comme celle de toutes les fictions juridiques, *de droit strict* 1), et que, à moins d'une disposition expresse dans la loi nationale, elle cesse de subsister lorsqu'il ne s'agit pas des rapports du ministre avec le gouvernement ou le pays auprès duquel il est accrédité. Cette conséquence n'est pas, à la vérité, formellement énoncée par la généralité des auteurs, mais les considérations suivantes en corroborent l'exactitude:

---

1) Eine *lex specialis,* die strikt auszulegen ist, Oppenheim, *System des Völkerr.,* 2. Ausg., p. 208.

1. Même dans les rapports entre l'agent diplomatique et le pays où il est accrédité, la fiction de l'exterritorialité est loin d'être appliquée d'une manière absolue, et avec toute l'étendue dont elle serait susceptible, si elle devait être assimilée à la réalité. Ainsi, dans le cas d'offenses commises par des ministres publics contre l'existence et la sûreté de l'État où ils résident, si le danger est pressant, leur personne et leurs papiers peuvent être saisis et ils peuvent être renvoyés du pays [1]). Ainsi encore l'hôtel de l'ambassadeur ne peut servir d'asile à des criminels [2]). L'ambassadeur ne pourrait pas davantage y exercer une juridiction *criminelle*, même en vertu d'une délégation formelle de son souverain [3]). Un ministre étranger n'a pas non plus le droit de se soustraire, dans son hôtel ou au-dehors, à l'observation des réglements de police municipale qui ont pour but la sûreté et l'ordre publics; il ne peut permettre aux gens de sa suite le commerce de marchandises prohibées, ni l'exercice d'un commerce qui pourrait porter préjudice aux habitants du pays. Il doit se conformer, en un mot, à toutes les ordonnances de

1) *Wheaton, Elém. du droit intern.* Part. III. Ch. 1.

2) *Bynkershoek, De F. L.*, ch. XXI. — *Martens, Précis*, § 220.

3) *Vergé, sur Martens*, § 219.

police qui ne sont pas incompatibles avec sa dignite et son caractère [1]).

Toutes ces restrictions prouvent que, comme le dit Bluntschli [2]), la fiction de l'exterritorialité n'est pas le fondement réel de l'immunité dont jouissent les ambassadeurs, *„sondern nur eine bildliche Darstellung dieses Ausnahmerechts?“* En d'autres termes, comme le dit un peu plus loin (§ 136) le même auteur, elle n'est qu'un droit *négatif*. Elle ne peut donc faire par elle-même, et en dehors d'une loi positive expresse, que l'hôtel de l'ambassade doive être considéré comme territoire national, dans des cas où l'indépendance de l'ambassadeur vis-à-vis du gouvernement étranger n'est nullement en jeu. Faustin Hélie dit fort justement à ce sujet [3]): „La maison d'un ambassadeur doit être à couvert de toute insulte, sous la protection particulière des lois et du droit des gens. Mais il ne faut point tirer de cette immunité des conclusions exagérées. L'erreur de quelques publicistes a été de considérer *d'une manière absolue* l'hôtel du ministre étranger comme *une partie du territoire du pays qu'il représente.* Cette fiction a conduit les

1) *Calvo, droit intern. théor. et prat.*, § 526.

2) *Das mod. Völkerrecht als Rechtsb. dargestellt.* § 135, Anm.

3) *De l'action publique et de l'action civile*, n. 865.

uns à faire de cet hôtel un lieu d'asile ouvert à tous les malfaiteurs, les autres à soutenir que le ministre pouvait y rendre justice et y faire exécuter les peines qu'il aurait prononcées, même la peine de mort. Ces corollaires suffisent à démontrer l'inexactitude du principe. Il n'y aurait plus de souveraineté si, au sein de chaque État, se trouvait un territoire indépendant qui pût servir de refuge à tous les criminels, de foyer à tous les complots, et qui pût opposer sa justice à la justice du pays. L'indépendance des ambassadeurs absorberait complètement l'indépendance des gouvernements. On doit donc se borner à déduire de l'inviolabilité de l'hôtel ces simples conséquences: que cet hôtel est sous la protection particulière des autorités locales qui doivent le mettre à l'abri de toute insulte; que ces autorités ne peuvent même, dans les cas prévus par les lois, y envoyer leurs agents: qu'elles doivent en référer au chef de l'ambassade pour obtenir son agrément, ou au ministre des affaires étrangères pour obtenir son autorisation; et que, sauf les cas de nécessité pressante, où le bien public serait en danger et ne permettrait point de délai, elles doivent attendre, pour agir, la détermination du gouvernement."

2. Le privilége d'exterritorialité, n'est pas même absolu dans ces limites que nous venons d'indiquer.

Comme il repose sur une simple présomption légale, fondée sur une coutume prolongée et raisonnable *(testata et praesumpta mens gentium)*, chaque État doit être considéré comme ayant, à la rigueur, le droit de s'y soutraire moyennant une notification préalable. C'est ce que Phillimore 1) resonnaît sauf deux réserves: la première concernant es priviléges *essentiels*, sans lesquels l'ambassadeur serait dans l'impossibilité de remplir sa mission (p. ex. l'inviolabilité personnelle); la seconde concernant l'obligation, pour l'État qui voudrait restreindre l'exterritorialité, d'étendre un traitement égal et impartial à toutes les nations. Il en résulte que, sauf ces réserves tirées de la nature des choses, l'exterritorialité est un privilége *conventionnel* que les États se concèdent tacitement, mais qu'ils peuvent se retirer par déclaration expresse. Or cela seul suffit pour empêcher que l'exterritorialité ne soit étendue de plein droit à des rapports de législation intérieure. Car si l'on admettait une pareille extension, il en résulterait implicitement, que la question p. ex. de savoir

---

1) *Phillimore*, *Intern. law*, T. II, n. CLXXVI et s. — dans le même sens *Vattel*, § 106. — Cf. Allgem. Landrecht prussien, Einleit. §§ 36—39 et dans *Martens*, *causes célébres* T. II, p. 112, un mémoire fait en 1772 par le ministre français, le duc d'Aiguillon.

d'après quelle loi doit être jugé, dans le pays de l'ambassadeur, un délit commis par lui en son hôtel, *dépendrait d'un privilége tacitement concédé par le pays où il est accrédité.* Il y aurait là une confusion de souverainetés que le droit national ne saurait admettre.

3. Si l'on consulte le *développement historique* du privilége d'exterritorialité, on le voit fortement appuyé, à une époque où les désordres intérieurs et l'imperfection de la police locale rendaient indispensable de donner aux ambassadeurs, comme c'est encore aujourd'hui le cas en Orient, une solide protection contre l'explosion des passions populaires ou les caprices du despotisme. C'était l'époque où Sully, ambassadeur de France en Angleterre, jugeait, condamnait à mort un gentilhomme de sa suite, et faisait demander au maire de Londres des archers et un bourreau pour exécuter la sentence [1]). C'était encore l'époque où les ministres prétendaient à la *franchise des quartiers*, c'est-à-dire à l'immunité pour les maisons voisines de leur hôtel qui arboraient leurs armes. Martens [2]) reconnaît que cet abus peut être considéré comme entièrement aboli. Il reconnaît aussi (§ 220), après Vattel, que le droit d'asile ne

1) *Sully*, *Mémoires*, cité par Vattel, L. III, § 123.
2) *Précis*, §. 221.

s'applique plus aux *criminels d'État,* mais il n'ose encore se prononcer d'une manière absolue quant aux *criminels* privés. Aujourd'hui, non-seulement le droit d'asile est entièrement supprimé, ainsi que d'autres conséquences anciennes de l'exterritorialité, mais la fiction de l'exterritorialité elle-même commence à être sérieusement battue en brêche. Pinheiro-Ferreira, dans ses notes sur Vattel, §§ 92—103, 110, 117 et 118, la combat longuement, fortement, et montre ce qu'elle a de vacillant, d'exorbitant et d'incompatible avec l'état actuel de notre civilisation, en tant qu'elle va au-delà des égards dûs à la personne et à la famille de l'ambassadeur et aux archives de l'ambassade. Sans aller aussi loin, la législation et la jurisprudence modernes tendent de plus en plus à reserrer le terrain sur lequel la fiction de l'exterritorialité est admise. Ainsi l'auteur le plus récent, le professeur italien Esperson, enseigne formellement que, en matière civile, l'immunité ne peut-être invoquée que dans la mesure strictement nécessaire pour ne pas rendre impossible l'accomplissement des fonctions d'ambassadeur [1]). Dalloz admet la validité de l'exploit qui n'a d'autre objet que d'obliger l'ambassadeur à reconnaître un engagement purement

---

1) *Diritto diplomatico,* T. I. 1872, p. 103.

civil et non susceptible de contrainte par corps[1]). L'auteur italien déjà cité professe enfin l'opinion que, en matière criminelle, le système le plus conforme à la science et à la civilisation moderne, est celui qui admet d'une manière absolue la compétence des tribunaux locaux pour les infractions commises par des envoyés étrangers[2]), et le code prussien d'instruction criminelle semble confirmer cette théorie, en tant du moins qu'il subordonne seulement la poursuite à un ordre spécial donné par le Souverain à un tribunal ou à un officier de justice.

Nous n'avons point à discuter les propositions qui precèdent. Mais il en résulte suffisamment que ce serait aller à l'encontre du mouvement juridique, que d'étendre les conséquences de l'exterritorialité au delà de ce que prescrit strictement le droit des gens, ou de ce qu'impose la loi positive intérieure d'un État.

4. On semble d'accord pour reconnaître que la loi positive est muette, cest'-à-dire quelle ne consacre aucune dérogation au droit commun en ce qui concerne la territorialité ou l'exterritorialité de l'infraction commise par l'ambassadeur en son hôtel.

---

1) *Jurisprudence générale*, V. **Agent diplomatique**, n. 108.

2) *Esperson*, op. c. T. I., pp. 143 et ss.

D'autre part le § 4, n. 3 du Code pénal allemand est formel au sujet des infractions commises *hors du pays*, et si on le compare avec la définition du § 8: *Ausland im Sinne dieses Strafgesetzes, ist jedes nicht zum Deutschen Reiche gehörige Gebiet*, le doute n'est plus possible. Car peut-on dire, en vertu de cette fiction limitée, appelée exterritorialité *par métaphore*, „*aus einer bildlichen Darstellung*,“ que le terrain couvert par l'hôtel d'un ambassadeur allemand soit, dans toute la force du terme, *ein zum Deutschen Reiche gehöriges Gebiet?* Singulier territoire, que l'on acquiert par un simple contrat civil de vente ou de location, qui est soumis aux lois de police et de sûreté d'un pays étranger, dont les frontières n'arrêtent pas *dans tous les cas* la justice étrangère, et où l'on peut faire certains actes de procédure valables aux termes d'une loi étrangère! En France même, où la jurisprudence s'est montrée quelquefois respectueuse jusqu'à l'exagération envers la fiction de l'exterritorialité, on reconnaît les vrais principes lorsqu'il s'agit de l'application de la loi territoriale aux crimes et délits commis par un ambassadeur français. „On comprend,“ dit le *Répertoire du Journal du Palais* [1]), „que la prérogative de

1) V. Agent diplomatique, n. 234 et s.

l'*exterritorialité* n'est reconnue à un agent diplomatique que contre le gouvernement étranger auprès duquel il est accrédité, mais non contre son propre gouvernement. — A l'égard de celui-ci donc il sera réellement en pays étranger, et non présumé toujours présent dans son pays. — Ainsi, les crimes et délits qu'il commettrait dans le pays où il exerce ses fonctions, soit au préjudice des nationaux, soit à celui de ses propres concitoyens, seront, aux yeux de son gouvernement, *réellemert commis en pays étranger*. — Dès-lors, pour les agents français notamment, ce sont les règles posées par l'art 7 C. instr. crim., qu'il faudra suivre. — Il faudrait donc, p. ex., qu'il y eût une plainte du Français offensé.“

II.

Du moment où, ainsi que nous croyons l'avoir établi, les faits reprochés au comte d'Arnim comme ayant été commis à l'hôtel de l'ambassade impériale allemande à Paris, doivent être considérés comme s'étant passés à l'étranger, *im Auslande*, il en résulte que le § 4, n. 3 du Code pénal allemand leur est applicable, peu importe d'ailleurs que le tribunal soit compétent à raison du *forum delicti commissi* ou à raison du *forum arresti*. Dès-lors il y a lieu de se demander, non-seulement s'il y a une loi allemande, mais s'il y a aussi une loi française en vertu de laquelle ces faits puissent être punis.

En ce qui concerne les §§ 348 et 350 du Code pénal allemand, il y aurait présomption, de ma part, à prétendre ajouter quelque chose à la discussion des faits et du droit, à laquelle s'est livré le tribunal de Berlin, et qui tend à démontrer, par des arguments qui m'ont paru en général concluants, qu'aucun de ces articles n'est applicable à l'espèce.

Mais en supposant qu'ils le soient, et que le § 133 soit de son côté applicable aux faits commis à Paris, il resterait à démontrer qu'il existe une loi française correspondante et applicable aux mêmes faits.

L'accusation est énoncée comme suit: *„Der Vorgenannte ist . . . wegen Vergehens im Amte, respective wegen Urkunden-Unterschlagung unter Anklage gestellt und speciell beschuldigt im Hôtel der kaiserlich-deutschen Botschaft zu Paris, während der Zeit von 1872 bis 1874, durch eine und dieselbe Handlung als Beamter Urkunden, welche ihm amtlich anvertraut waren, vorsätzlich bei Seite geschafft und Sachen, die er in amtlicher Eigenschaft empfangen hatte, sich rechtswidrig zugeeignet zu haben.“*

La première qualification générale du délit: *„Vergehen im Amte“* est contenue dans l'intitulé de a Sect. II. du titre I, livre III du Code pénal français de 1810: *Délit d'un fonctionnaire public dans l'exercice de ses fonctions.* La seconde qualification générale: *Urkunden-Unterschlagung* est contenue dans l'intitulé du § 1 de cette section *„soustractions commises par les dépositaires publics,“* sans être aussi large. — De la double qualification générale, le premier membre *(Urkunden welche ihm amtlich anvertraut waren, vorsätzlich bei Seite geschafft zu haben)* peut être considéré comme répondant approximativement aux mots suivants de l'art. 173, Code pénal français: „Avoir détourné les actes et titres qui lui avaient été communiqués à raison de ses fonctions;" le second membre (*Sachen, die er in amtlicher Eigenschaft empfangen hatte, sich rechtswidrig zugeeignet zu haben)* répond jusqu'à un certain point, au détournement ou à la soustraction de pièces prévue par l'art. 169 Code pénal. Ces articles sont, du reste, ceux de tout le Code pénal français qui se rapprochent le plus des §§ 348 et 350 du Code pénal allemand. Quant au § 133 du Code allemand, il offre quelque analogie avec les art. 254 et 255 du Code pénal français.

Mais, en examinant de plus près les dispositions que nous venons de citer, on voit d'abord que l'art. 169 du Code pénal français [1]) n'est pas applicable, par la raison péremptoire que, s'il incrimine la soustraction de pièces, titres, actes et effets mobiliers, ce n'est qu'en supposant à ces pièces et effets une *valeur monétaire,* ainsi que cela ressort:

1. de la spécialité des fonctions qu'ont en vue les art. 169 et ss.;

---

1) Art. 169.

Tout percepteur, tout commis à une perception, dépositaire ou comptable public, qui aura détourné ou soustrait des deniers publics ou privés, ou effets actifs en tenant lieu, ou des pièces, titres, actes, effets mobiliers qui étaient entre ses mains en vertu de ses fonctions, sera puni des travaux forcés à temps si les choses détournées ou soustraites sont d'une valeur au-dessus de 3000 francs.

2. de la disposition qui gradue la peine d'après la valeur même des objets soutraits;
3. de la circonstance que l'art. 169 n'a trait qu'au détournement et à la soustraction, et non, comme l'art. 173, à la suppression et à la destruction des pièces et effets.

De là résulte que l'application de cet article est subordonnée à l'existence d'un préjudice d'un côté et d'un lucre de l'autre. (*Répertoire du Journal du Palais*, V. Dépositaires publics, n. 17 et 18. — *Chauveau et Hélie*, C. IV, p. 80. — *Morin*, V. Forfaiture, p. 352). Or, aucun préjudice n'est allégué ni évalué au procès.

Les art. 254 et 255 1) ont cela de commun avec

---

1) Art. 254.

Quant aux soustractions, destructions et enlèvements de pièces ou de procédures criminelles, ou d'autres papiers, registres, actes et effets, contenus dans des archives, greffes ou dépôts publics, ou remis à un dépositaire public en cette qualité, les peines seront, contre les greffiers, archivistes, notaires ou autres dépositaires négligents, de trois mois à un an d'emprisonnement et d'une amende de cent francs à trois cents francs.

Art. 255.

Quiconque se sera rendu coupable des soustractions, enlèvements ou destructions mentionnés en l'article précédent, sera puni de la réclusion.

Si le crime est l'ouvrage du dépositaire lui-même, il sera puni des travaux forcés à temps.

l'article 169, qu'il y est question de *dépositaires publics* et non de *fonctionaires publics*, comme dans l'art. 173. Il est vrai que, aux termes de ces articles, ce n'est pas seulement le dépositaire public, mais un individu quelconque qui peut être puni, du moment où la soustraction porte sur des objets contenus dans des *archives, greffes ou dépôts publics* ou remis à un *dépositaire public* en cette qualité. Mais l'idée dominante de ces dispositions est toujours celle de l'existence d'un *dépôt public* et d'un *dépositaire public*. Ce qui le prouve déjà, c'est la rubrique du § V, section IV du titre I, livre III dont les art. 254 et 255 font partie. Ce titre est intitulé: „Bris de scellés et enlèvement de pièces dans les *dépôts publics*.“ Reste à savoir ce qu'il faut, dans le sens de la loi, entendre par *dépôt public* et par *dépositaire public*. En d'autres termes, les archives de l'ambassade allemande à Paris avaient-elles le caractère de dépôt public, dans le sens que les art. 254 et 255 attachent à ce mot, c'est-à-dire „d'un lieu publiquement institué pour y déposer des pièces, des procédures, des effets ,etc.[1]),“ ou, comme le disent Chauveau et Hélie, de „ces lieux où sont déposés, par l'effet d'une confiance nécessaire et sur la foi de la

1) *Dalloz*, V. *Abus de confiance*, n. 134. — *Rép. Journal du Palais*, V. Dépôt public, n. 10.

garantie sociale, des actes et papiers dont la conservation importe au repos et à la sécurité des familles?[1])" De leur côté les ambassadeurs ont-ils, outre leur qualité de fonctionnaires, celle de dépositaires publics en titre? C'est-à-dire sont-ils spécialement préposés à la garde d'un dépôt public, comme le sont les greffiers, les archivistes, les notaires? Faudra-t-il par conséquent les appeler devant la justice criminelle pour une simple négligence, et les condamner dans ce cas à la peine de trois mois à un an d'emprisonnement et d'une amende de cent à trois cents francs, prévue par l'article 254 précité? Remarquons que, si la réponse était affirmative, elle devrait s'étendre à tous les fonctionnaires quelconques, depuis le ministre jusqu'au plus humble préposé, car il n'en est aucun qui n'acquerrait, du moment où on lui remettrait un papier ou un effet quelconque, le caractère de dépositaire public, dans le sens où l'on voudrait appliquer l'art. 254 au comte d'Arnim, de même que la poche d'habit ou le tiroir où ils renfermeraient ce papier prendrait le caractère d'un dépôt public. Dès-lors aussi, l'art. 173 du Code pénal français deviendrait complètement inutile: car le juge, administrateur, fonctionnaire ou

1) *Chauveau et Hélie*, T. IV, p. 487.

officier public dont il y est question, aurait, par le fait de la possession temporaire de certains actes et titres en sa qualité officielle, la qualité de *dépositaire public.*

La coïncidence de ces deux dispositions dont l'une (art. 254—255) couvrirait entièrement l'autre, si on lui donnait le sens étendu en question, prouve que, dans la pensée du législateur, ce sens doit avoir été autre. Et, en effet, voici comment s'exprime à cet égard le recueil de Dalloz déjà cité: „Le Code de 1810 prévoit et punit trois sortes de soustractions pouvant être commises par des personnes revêtues d'un caractère public. Ce sont:

1. les détournements ou soustractions de deniers, titres, effets, etc. commis par les comptables (art. 169 et suiv.);
2. les soustractions, destructions ou détournements d'actes et titres commis par les fonctionnaires et officiers publics qui en étaient dépositaires en cette qualité (art. 173);
3. enfin les soustractions, destructions ou enlèvements de pièces *contenues dans des dépôts publics*, par les officiers publics *qui étaient commis à la garde de ces dépôts* (art. 254 et 255) [1]."

---

1) *Dalloz*, Rép. V. Forfaiture n. 28.

Un autre auteur dit dans le même sens: „L'art. 173 a en vue les *fonctionnaires ou officiers publics* qui se trouvent dépositaires, en leur qualité et à raison de leurs fonctions, d'une chose ou effet. Au contraire, les art. 254 et 255 punissent les détournements commis par les officiers *que la loi commet à la garde d'un dépôt public,* et qui ne sont dépositaires qu'en vertu de fonctions qu'ils exercent *relativement* à ce dépôt[1]).“

Il a été jugé plusieurs fois en France qu'un musée. une bibliothèque publique sont des dépôts publics (France, Cass. 9 avril 1813; 25 mars et 5 août 1819: 25 mai 1832). Cependant Chauveau et Hélie (T. IV. p. 487) et après eux Morin (dictionn. de droit criminel, p. 714) croient que ces décisions étendent l'art. 255 au-delà de ses limites naturelles. En Bel-

1) Répertoire du Journal du Palais, V. Dépôt public, n. 5. — Un arrêt de la Cour de cassation de France du 2 Juin 1853 (Journal du Palais, T. I, 1854, p. 160) dit encore dans le même sens: „Les dépositaires publics auxquels s'applique l'art. 173 C. P. sont ceux qui, dépositaires de titres et d'actes à raison de leurs fonctions, ne sont pas chargés de la garde d'un dépôt public et ne sont responsables que des actes et titres qu'ils ont entre les mains. Quant aux art. 254 et 255, ils s'appliquent plus spécialement aux soustractions de pièces actes et effets, contenus dans les archives, greffes ou dépôts publics, ou remis à un dépositaire public en cette qualité.“

gique, la cour de Liége a jugé, par arrêt du 4 août 1839, que les chefs de division près des administrations provinciales ne peuvent être considérés comme dépositaires publics des effets relatifs à ces administrations qui leur sont confiés par leurs supérieurs. „Attendu," porte cet arrêt, „que le prévenu ne peut être envisagé comme dépositaire de ces effets et valeurs *parce qu'aucune loi ne lui attribue cette qualité, ni ne lui impose les obligations qui s'y rattachent* 1)." Statuant dans la même affaire, par arrêt du 25 mai 1840, la cour de cassation belge a dit: „attendu que les art. 254 et 255 ne concernent que les vols commis dans des dépôts publics, à la garde desquels sont préposés par la loi des dépositaires publics. . . ." Ainsi pas de dépôt public, sans un dépositaire public spécialement préposé à sa garde, et pas de dépositaire public, dans le sens des art. 254 et 255, sans une loi qui lui attribue cette qualité et qui lui impose les obligations qui s'y rattachent.

Appliquons maintenant ces conclusions à la situation officielle du prévenu.

L'ambassadeur (ou l'agent diplomatique en général) est un fonctionnaire chargé de représenter

1) V. pag. 487.

une puissance auprès d'une autre puissance. Mais nous ne connaissons aucune loi, en Prusse on ailleurs, qui, à côté de ces hautes fonctions, impose à l'ambassadeur la charge modeste de veiller à la garde d'un local servant de dépôt public. — Quant aux archives de l'ambassade, on peut sans doute concevoir qu'on en fasse un véritable dépôt public, régulièrement organisé comme le sont les archives de l'État, des provinces, des communes etc. Mais en fait il n'a pas été établi au procès que les archives de l'ambassade allemande à Paris ni les archives des ambassades allemandes en général eussent ce caractère. Il ne semble pas même y avoir de règles fixes quant à l'organisation de ces archives, quant à la question de savoir ce qui doit au juste en faire partie, si ce sont, outre les documents et les actes importants, les livres, les journaux, les billets, les invitations etc. reçus par le ministre en sa qualité, ou si le ministre a, comme les usages et la raison le lui reconnaissent, un certain pouvoir discrétionnaire quant à la désignation des pièces à conserver. Mais l'existence de ce pouvoir discrétionnaire est incompatible avec la qualité de simple dépositaire public. Car celui-ci reçoit tout ce qu'on lui donne, et garde tout ce qu'il reconnaît avoir reçu en sa qualité, sans distinguer entre ce qu'il trouve intéressant ou non. Il semble aussi résulter des déclarations d'hommes compétents entendus au procès, que non-seulement l'ambassadeur a un certain pouvoir discrétionnaire pour juger de ce qu'il y a lieu de conserver parmi les pièces qu'il reçoit, mais encore pour juger de ce qu'il y a lieu de laisser dans les archives de l'ambassade au moment où il quitte celle-ci. Du moins le président König a-t-il déclaré, comme le rappelle le jugement, que l'ambassadeur a parfaitement le droit de reprendre, pour les restituer directement au ministère des affaires étrangères, les pièces que, à son départ, il aurait de l'objection à laisser à l'hôtel de la légation. Le véritable dépôt public, pour les documents diplomatiques de l'État, celui où doivent aboutir, pour y être conservés, les actes et titres intéressant les relations extérieures de l'Allemagne, paraît donc être aux *archives du ministère des affaires étrangères* à Berlin, tandis que les locaux qui dépendent de ce département, dans le pays ou audehors, ne sont, *dans l'etat actuel des choses* et malgré leur nom d'archives, que des bureaux qui n'ont pas véritablement la nature de *dépôts publics*.

Ainsi, pour faire tomber le fait incriminé sous l'application des art. 254 et 255 du Code pénal français, il manque deux éléments matériels de l'infraction: un véritable dépôt public et un véritable dépositaire public, dans le sens que les art. 254 et 255 attachent à ces mots.

Cependant aucune de ces conditions n'est requise par l'art. 173, 1. al., et les conditions *matérielles* de cet article (je parlerai plus loin des conditions *intellectuelles*) se trouveraient incontestablement réunies, si les papiers dont il s'agit avaient la nature de ce que l'art. 173, 1. al., entend par „actes et titres.“ Mais il ne me paraît pas qu'il en soit ainsi. Je n'hésite pas à dire que, dans le langage français usuel, jamais on ne songerait à désigner par *actes* ou *titres* les lettres, rapports et dépêches dont il est question au procès. A mon avis, et pour autant que je puisse avoir quelque confiance dans ma connaissance des deux langues, le terme allemand *Urkunde* a une signification plus étendue que l'ensemble des deux mots français: *actes et pièces*: car il semble se rapporter, par son étymologie même, à toute pièce renfermant la *constatation originale (Ur-Kunde)* d'un fait dont elle est destinée à faire preuve dans un intérêt public ou privé. Or, si l'on peut dire que tous les titres et actes sont des „*Urkunden*,“ la réciproque n'est pas également vraie. Du reste, peu importe, au point de vue où nous nous plaçons, le sens du mot allemand. C'est le sens du mot *actes et titres* dans la législation et la jurisprudence françaises, et spécialement dans l'art. 173, 1. al., du Code pénal que nous avons à examiner.

Commençons par le mot *acte*. D'après le dictionnaire de l'académie française, *acte*, en termes de jurisprudence, se dit de „tout ce qui se fait par le ministère d'un officier de justice, soit en jugement, soit hors de jugement. *Acte authentique, solennel, public. Acte passé par-devant notaires. Passer un acte, signer un acte. Prendre un acte au greffe, un acte de soumission.* — En ce sens, il se dit encore des déclarations faites en justice. *Demander acte. Prendre acte de la comparution. On lui a donné acte de sa plainte* etc. — On appelle *Acte sous seing-privé,* toute convention et toute reconnaissance passée entre particuliers sans être revêtue de l'autorité publique."

Il est clair qu'aucune des pièces que le comte d'Arnim est accusé d'avoir détournées ou soustraites ne rentre dans les définitions ou dans les exemples qui précèdent. Toutes font partie d'une correspondance échangée entre le chancelier de l'Empire et l'ambassadeur. Cette correspondance est d'une nature ou purement officielle, ou mixte, ou privée. Elle contient des instructions ou des reproches, des rapports ou des explications. La valeur historique et politique d'une grande partie de ces papiers est incontestable. Mais ce serait, aux yeux de toute personne au courant de la langue française, forcer étrangement le sens des termes que de considérer un seul de ces papiers comme un *acte*, dont le sens, quand il se dit d'un écrit, correspond exactement, d'après les jurisconsultes français, à ce que les romains appelaient *instrumentum*[1]).

Encore bien moins pourrait-on y voir des *titres*. Car, d'après les auteurs français, le mot *acte* diffère du mot *titre*, en ce que cette dernière signification est *plus restreinte* que la première. En effet elle est généralement employée surtout lorsque l'on considère les actes comme conférant un droit. Par exemple on dit: un *titre de créance*, un *titre de propriété*, comme aussi on se sert du mot *titre* pour désigner un acte exécutoire[2]).

Du reste, quand le législateur de 1810 veut comprendre dans son énumération des documents autres que des titres et actes, il ajoute à ces mots les expressions plus vagues et plus générales de „pièces" (art. 169) ou de „papiers" (art. 254). C'est ce que fait aussi le législateur belge aux art. 240 et 242 du Code pénal de 1867.

---

1) V. *Merlin*, *Répertoire de Jurisprudence*, V. Acte.

2) *Dalloz*, V. Acte n. 5. — Cf. ibid. n. 1—6 et le Dictionnaire de *Littré*, V. Acte et titre,

Ainsi les faits reprochés au comte d'Arnim ne répondent pas plus aux conditions matérielles de l'infraction prévue par l'art. 173, al. 1 du Code pénal français, qu'à celles des autres articles examinés.

Mais en supposant qu'il en fût autrement, il resterait encore à l'accusation, pour établir la culpabilité du comte d'Arnim, à démontrer l'existence de l'élément intellectuel de l'infraction, de l'intention doleuse.

N'oublions pas que les faits prévus par les art. 169, 173, al. 1, 254 et 255 du Code pénal français sont des crimes, puisque la loi les punit de la réclusion ou des travaux forcés. La volonté criminelle en est donc une condition tacite et nécessaire. Or, pour aucun des actes incriminés, cette volonté n'est prouvée par le fait seul de leur exécution. „*Res ipsa in se dolum non habet.*“ La *contrectatio fraudulenta*, le détournement *doleux* ne résultent pas *primà facie* du fait seul que certains papiers ont été déplacés, que d'autres se sont égarés. Pour ces derniers, il faudrait même commencer par prouver que leur perte est, à un degré quelconque, attribuable au prévenu Quant aux autres, le prévenu donne des explications qui excluent le dol et que l'accusation est tenue de détruire. Or, au lieu de preuves dans ce sens, l'accusation ne présente que des hypothèses. C'est ce que le jugement de première instance constate dans une série de raisonnements qui me semblent concluants, et que confirment les considérations suivantes.

Au fond, en ce qui concerne les lettres *dont on connaît le sort*, le fait à juger peut se résumer ainsi: un ambassadeur en conflit avec le ministre des affaires étrangères se croit autorisé à retenir et retient effectivement des lettres qui lui ont été adressées par son supérieur, devenu son adversaire, et les minutes de rapports qu'il a lui même rédigés. Qu'il y ait là un manquement peut-être grave à la discipline, aux règles hiérarchiques, c'est un point qui n'est pas en discussion. Mais où est le mobile criminel requis pour que, *aux yeux de la loi française*, l'ambassadeur mérite d'être traduit devant une cour d'assises et condamné aux travaux forcés?[1]) Est-ce dans la volonté implicite de priver l'État d'un renseignement utile? Mais cette volonté il ne pouvait l'avoir, car il savait que, en agissant ainsi, il ne privait en réalité l'État d'aucune pièce, puisque le ministère des affaires étrangères à Berlin devait posséder, de son côté, les rapports eux-mêmes et les minutes ou

1) Telle ne sera sans doute, dans aucune hypothèse, la conséquence du procès actuel, puisque la loi allemande est plus douce, et ne considère le fait correspondant que comme délit. Mais on ne peut, même dans l'*interprétation* de la loi française, faire abstraction de la sanction pénale que le législateur y a attachée.

les copies authentiques des lettres. — Est-ce dans le désir de ne pas se priver, peut-être irrévocablement. de la faculté d'invoquer ces pièces pour sa propre défense? Mais cette intention en elle-même n'avait rien de criminel; les résultats seulement en pouvaient devenir tels, si, p. ex., dans le désir de se défendre, ou même dans un esprit de vengeanse, il avait, en divulguant des secrets d'État, commis, contre sa patrie, de véritables actes de trahison. Mais l'existence d'un projet aussi atroce n'a nulle part été prouvée, et si le fait du comte d'Arnim avait constitué un premier pas dans cette voie scélérate, alors ce ne serait pas de la sévérité de l'accusation, mais de sa douceur qu'il faudrait s'étonner. Du reste la publication autorisée, dans le courant du procès, de la plupart des pièces manquantes, prouve que leur révélation, si elle avait été le fait du comte d'Arnim, n'aurait jamais constitué un acte de *trahison*, mais une simple *indiscrétion*. Or l'intention même de commettre une pareille indiscrétion, par un appel irrégulier aux journaux et à l'opinion publique, n'a pu être constatée. Supposons qu'elle le soit: il en résulterait seulement que le comte d'Arnim avait fait et avait l'intention de faire, une fois retiré du service, ce qu'ont fait, dans ces derniers temps, beaucoup de diplomates ou d'anciens diplomates: publier, pour leur justification personelle ou dans un intérêt historique, des lettres qui leur avaient été adressées en leur qualité, ou dont ils étaient les auteurs. C'est ce qu'ont fait en France MM. Benedetti et de Grammont, à la suite de la guerre de 1870—1871; en Italie, le général de La Marmora. Leur conduite a été blâmée comme contraire aux usages diplomatiques, et certainement elle méritait de l'être. Mais jamais la passion politique, surexcitée contre eux dans leur propre pays, n'est allée jusqu'à suggérer qu'ils pourraient être de ce chef l'objet d'une poursuite criminelle. L'un d'eux, le comte Benedetti n'a pas hésité à affirmer son droit de livrer à la publicité, dans certaines circonstances, et pour certains motifs personnels, des pièces qu'il n'avait reçues ou écrites qu'à titre confidentiel et en sa qualité d'ambassadeur. „Je sais bien,“ disait-il en tête de son livre: *ma mission en Prusse*, „que je dérogerai à des traditions universellement respectées; mais on doit à son pays sa fortune, quand on en a, sa propre vie, celle de ses enfants, et mon fils unique est devant l'ennemi; on ne lui doit pas le sacrifice de son honneur, parceque la perte de l'honneur individuel ne peut servir à l'intérêt public.“ Dira-t-on: ce n'est là qu'une phrase déclamatoire ou paradoxale, qui ne tranche pas la question? Mais en admettant que cela soit, un motif déclamatoire ou paradoxal n'est pas encore un motif criminel.

Le cas du général de La Marmora est encore plus remarquable. En 1873 il publia un livre intitulé: „*Un po' più di luce sugli eventi politici e militari dell'anno 1866,*" qui se composait, pour la plus grande partie, de dépêches ou de lettres, expédiées ou reçues par lui, soit en sa qualité d'envoyé à Berlin, soit comme ministre-président du conseil. Il était, en quittant le pouvoir, *demeuré seul détenteur* d'une partie de ces pièces, en sorte que le gouvernement italien se vit forcé de déclarer, en réponse à une demande du gouvernement prussien, qu'elles ne se trouvaient pas dans ses archives. Cette publication excita une grande émotion dans toute l'Europe, mais principalement en Allemagne, où le prince-chancelier, interpellé à ce sujet dans la chambre des représentants de Prusse, le 16 janvier 1874, prononça les paroles suivants: „*Er (La Marmora) hat in unerlaubter Weise Actenstücke veröffentlicht, die in einem früheren amtlichen Verhältniss zu seiner Kenntniss gekommen sind, ein Verfahren gegen das, wie mir von italienischer Seite auf meine vertrauliche Erkundigungen mitgetheilt ist, ein Strafgesetz in Italien nicht gültig ist . . .*" Plus loin le prince-chancelier dit expressément que les pièces en question ont été *„zu Unrecht entwendet,“* et cependant, à la séance de la chambre des députés d'Italie, du 3 février 1874, le ministre des affaires étrangères, interpellé sur la même publication, dit qu'il la déplore, mais que la législation italienne manquait de dispositions suffisantes pour la prévenir. Or le Code italien, art. 212, reproduit presque littéralement le Code pénal français, art. 173, al. 1., sauf qu'il met *documenti* au lieu de *titres.*

Le général La Marmora a déclaré, dans sa lettre du 26 janvier 1874 au journal l'*Opinione*, qu'il avait gardé ces pièces en sa possession, parceque, à ses yeux, elles n'étaient pas des documents d'État, mais des lettres ayant un caractère privé et confidentiel. Le fait qu'elles ont été publiées ensuite, prouve qu'il les avait gardées dans l'intention d'en faire cet usage. Le comte d'Arnim n'a publié aucune des pièces qu'il a cru pouvoir garder, et il n'a pas été démontré qu'il ait eu l'intention arrêtée de le faire. Si donc on a trouvé que le général La Marmora n'était pas punissable d'après la loi italienne, à plus forte raison une loi identique à la loi italienne ne saurait-elle atteindre le comte d'Arnim.

III.

Il reste quelques mots à dire de l'application que fait le jugement du § 133 du Code pénal allemand. Le tribunal a jugé: *dass der Angeklagte zu Berlin im Mai 1874, 13 amtliche (kirchenpolitische) Actenstücke, welche sich zur Aufbewahrung am dazu bestimmten Orte befanden, vorsätzlich bei Seite geschafft hat.*"

A l'appui de cette conclusion, le jugement dit en substance: „au moment de quitter Paris, le prévenu emportait les 13 pièces de la première série dans une intention légitime. Il voulait, a-t-il déclaré, remettre directement les pièces au ministère des affaires étrangères, et il n'y a pas de raison pour ne pas ajouter foi à sa déclaration sur ce point. Il n'y a donc pas eu de délit commis *à Paris.* Mais lorsque, le 15 mai 1874, le prévenu monta en voiture pour quitter Berlin, emportant avec lui le portefeuille de service qui contenait les 13 pièces, il commit le détournement prévu par le § 133. Car, dit le Tribunal, il n'est pas croyable, malgré la déclaration du prévenu, que cette inexecution de son projet primitif soit le résultat d'un oubli ou d'une inadvertance."

Ainsi c'est à Berlin, non à Paris, que le prévenu aurait violé le § 133. Mais il faut, d'après ce §, que les pièces se trouvent, au moment où le délit se commet, *am dazu bestimmten Orte.* La question se présente donc: quel était *„der zur amtlichen Aufbewahrung bestimmte Ort?“* Le jugement répond implicitement: c'était la ville de Berlin tout entière, puisque c'est par le fait de quitter Berlin avec les pièces que le détournement a été commis. De sorte que, si le comte d'Arnim n'avait pas quitté Berlin avec les pièces, celles-ci devraient être censées se trouver encore *am dazu bestimmten Orte*!

De toutes les réponses possibles à la question posée, celle-ci me paraît la moins admissible. Que l'on considère l'hôtel de l'ambassade à Paris comme le lieu destiné à la conservation officielle des pièces, cela se conçoit, du moins jusqu'au moment où l'intention reconnue légitime de l'ambassadeur leur donne une autre destination. Mais du moment où l'ambassadeur les emporte, dans l'intention de les déposer au ministère des affaires étrangères de Berlin, c'est ce ministère et non la ville de Berlin tout entière qui devient le *„bestimmter Ort.“* Dans l'intervalle entre les deux locaux, les pièces sont *en route*, déjà parties, non encore arrivées. Donc *sie befinden sich nicht am Orte der zu ihrer amtlichen Aufbewahrung bestimmt ist*, à moins que l'on ne considère comme tel le portefeuille de service où elles ont été renfermées à Paris et où elles sont restées. Ainsi on en se trouve pas dans les conditions matérielles du § 133. La faute, s'il y en a une, consiste à *ne pas avoir remis les pièces* à leur destination. Mais c'est là un fait *négatif*, tandis que le § 133 exige un fait *positif*.

Supposons que, au lieu d'emporter les pièces lui-même, le comte d'Arnim les eût confiées à un tiers, avec charge de les remettre directement au ministère ou au ministre. L'inexécution d'une pareille mission pourrait, suivant les circonstances, être une simple faute, un délit ou un crime. Mais en aucun cas, s'il y avait infraction, ce ne serait celle que prévoit le § 133. Car il y a contradiction entre le fait d'étre soi-mème dépositaire légitime à l'origine et celui d'enlever les pièces du lieu destiné à les conserver. Or la circonstance qu'il y a mandat dans un cas, et exécution personnelle dans l'autre, ne constitue aucune différence quant au caractère essentiel du délit puni par ce §.

Je n'entrerai pas en détail dans les considérations de fait sur lesquelles le tribunal s'appuie pour croire à la sincérité du comte d'Arnim, affirment son intention légitime au moment d'emporter les pièces de Paris, et pour ne plus le croire quand il affirme i, l'oubl l'inadvertance, comme cause de leur nonremise à Berlin. Au premier abord, cet oubli paraît à la vérité extraordinaire. Mais si l'on réfléchit que les 16 jours passés à Berlin, du 29 avril au 15 mai, ont été la période où le conflit a pris son caractère le plus aigu, où la correspondance-polémique entre l'ambassadeur et le ministre a été la plus vive, enfin que le 15 mai a été à la fois le jour de la mise en disponibilité et celui du départ du prévenu, l'explication, tirée de l'état d'esprit dans lequel se trouvait le prévenu au milieu de ces agitations, paraît admissible, à défaut de preuve contraire positive. Dans tous les cas, comme il a été dit plus haut, même si l'intention criminelle pouvait être admise, ce ne serait ni le délit prévu par le § 133, ni aucun delit libellé par l'acte d'accusation, que le prévenu aurait commis à Berlin.

Gand, 2 avril 1875.

G. Rolin-Jaequemyns.

hören, sehr schwerwiegende Veränderungen in ihrer ökonomischen Lage herbeigeführt hat. Die Summe von 37 Thlrn. 2 Sgr., zu welcher der Preis der vollständig erschienenen Bände im neuer Abdruck herangewachsen war, stellte zwar eine beträchtliche Ermässigung dar gegen die der älteren Ausgabe, welche 59 Thlr. betrug. Aber auch jene Summe war für Viele, denen das Archiv ein unentbehrliches Hülfsmittel ist, unter den jetzigen Verhältnissen eine unerschwingliche und die Verlagsbuchhandlung konnte sich der Beobachtung nicht verschliessen, dass dadurch der Absatz eine unerwartete Beschränkung erlitten hatte. Angesichts dieser offenkundigen Veränderungen in den Bedingungen desselben hatte sich die Verlagshandlung von Rud. Oldenbourg in München zu obiger Preisermässigung entschlossen. Sie auferlegte sich damit ein Opfer, das demjenigen, welches die bisherigen Abnehmer des Archives durch Bezahlung eines höheren Preises brachten, mindestens gleich steht, und das, wie sie hofft, die Folge haben wird, dass das Archiv, das bisher einen nothwendigen Bestandtheil der Bibliothek älterer Juristen bildete, auch dem heranwachsenden juristischen Publikum ein erreichbares literarisches Hilfsmittel bleiben wird.

Für jeden richterlichen Beamten sowohl, als auch für die Herren Anwälte dürfte diese nur vorübergehende Preisermässigung erwünschten Anlass geben, dieses werthvolle Sammelwerk zu erwerben.

Vom VI. Bande an sind beide Ausgaben (Oktav und Lexikon-Format) in gleichzeitig erscheinenden Heften und zum gleichen Preise von à 22 Sgr. das Heft ausgegeben worden. — Während von der Ausgabe in Oktav, von welcher das 3. Heft des XXVIII. Bandes kürzlich ausgegeben wurde, keine vollständigen Exemplare mehr, sondern nur noch einzelne Bände vorräthig sind, können von dem obigen neuen Abdruck in Lexikon-Format (Heft 9 des VI. Bandes erscheint soeben) stets komplete Exemplare bezogen werden.

Neuer unveränderter Abdruck von Band 26 bis 30 nebst Register der kleinen Oktav-Ausgabe

in Einem (dem Sechsten) Bande Lexikonformat,

welcher in ca. siebenzehn Heften, wovon 12 Hefte (Heft 49—60) bereits erschienen, vollendet sein wird.

Beide Ausgaben, in 8° und in Lexikonformat, werden von Bd. XXXI der Oktav-Ausgabe, Bd. VII der Lexikonformat-Ausgabe ab, mit einander verschmolzen.

Inserate finden in dem Literarischen Anzeiger zu den juristischen und historischen Zeitschriften meines Verlages, Auflage **5000**, welcher auch den beiden Ausgaben des „Archivs" beigeheftet wird, die ausgiebigste Verbreitung und werden mit $2^1/_2$ Sgr. oder M — 25 ₰ die einfach gespaltene Petitzeile berechnet, auch dann, wenn das Inserat nur für eine Fachzeitschrift bestimmt sein sollte.

General-Register

systematisches und alphabetisches zu Seufferts Archiv

Band I—XX

angefertigt von J. Bremer, **Oktav-Ausgabe** (XXIV. u. 805 S.) broschirt. 4 Rthlr. — M 12. —

— do. — **Lex.-Ausgabe** (XV. u. 384 S.) 4 Rthlr. — M 12. —

(Beide Ausgaben erschienen in je 4 Heften.)

Erstes Heft: Systematisches Register. **Civilrecht.** 1 Thlr. 6 Sgr. oder M. 3. 60.

Zweites Heft: Systematisches Register. **Handelsrecht.** 24 Sgr. oder M. 2. 40.

Drittes Heft: Alphabetisches Register. 1 Thlr. oder M 3.

Viertes Heft: Alphabetisches Register. 1 Thlr. oder M 3.

---

www.ingramcontent.com/pod-product-compliance
Lightning Source LLC
La Vergne TN
LVHW092106300926
849161LV00002B/52
9783486723014